शी जिनपिंग के कथन

शी जिनपिंग के कथन

चीनी नेता के क्लासिकल कथनों की मार्गदर्शिका

चीन की कम्युनिस्ट पार्टी के प्रचार विभाग
द्वारा
चाइना मीडिया ग्रुप के सहयोग से संकलित

हिंदी अनुवाद : राजेन्द्र भट्ट

RC
Books Beyond Boundaries
ROYAL COLLINS
रॉयल कॉलिन्स

XI JINPING'S ADAGES:
A GUIDE TO THE CHINESE LEADER'S CLASSICAL ALLUSIONS

Compiled by
PUBLICITY DEPARTMENT OF THE
COMMUNIST PARTY OF CHINA
in association with
CHINA MEDIA GROUP

Hindi Translation: Rajendra Bhatt

First Hindi Edition 2022
By Royal Collins Publishing Group Inc.
BKM Royalcollins Publishers Private Limited
www.royalcollins.com

शी जिनपिंग के कथन
चीनी नेता के क्लासिकल कथनों की मार्गदर्शिका
हिंदी अनुवाद : राजेन्द्र भट्ट

चीन की कम्युनिस्ट पार्टी के प्रचार विभाग
द्वारा
चाइना मीडिया ग्रुप के सहयोग से संकलित

Headquarters: 550-555 boul. René-Lévesque O Montréal (Québec) H2Z1B1 Canada
India office: 805 Hemkunt House, 8th Floor, Rajendra Place, New Delhi 110 008

ISBN: 978-1-4878-0860-0

We are grateful for the financial assistance of B&R Book Program in the publication of this book.

संपादक की टिप्पणी

यह पुस्तक चीन के चाइना सेंट्रल टेलीविजन पर 2018 के एक विशेष प्रसारण पर आधारित है जिसे 44.1 करोड़ दर्शकों ने देखा। इसका चीनी भाषा में शीर्षक था – *पिंग यू जिन रेन।* इस शीर्षक में शब्दों की अर्थ-छटा का सुंदर इस्तेमाल हुआ है। इसका सरसरी तौर पर अनुवाद हो सकता है – *शी जिनपिंग की भाषा जनता के करीब है।*

इस कार्यक्रम और इस पर आधारित पुस्तक का उद्देश्य चीन की कम्युनिस्ट पार्टी के जनरल सेक्रेटरी (महासचिव) के प्रमुख भाषणों में व्यक्त किए गए विचारों को प्रस्तुत करने के साथ-साथ चीनी गौरव-ग्रन्थों (क्लासिक्स) को लोकप्रिय बनाना तथा आधुनिक देश के रूप में चीन की संभावनाओं के मद्देनज़र उसकी समृद्ध सांस्कृतिक धरोहर के महत्व पर बल देना है।

पिंग यू जिन रेन के संक्षिप्त अंग्रेजी संस्करण *शी जिनपिंग्स एडेजिस* का यह हिन्दी रूपांतर है। इसमें उनके विशेष टेलीविजन कार्यक्रम के 35 भाषणों से उद्धरण लिए गए हैं जिनके साथ इसकी पटकथा से ही लिप्यंतरित रूप में विशेषज्ञ का विश्लेषण लिया गया है। चीन के नेता के क्लासिकल उद्धरणों का आधिकारिक विश्लेषण पढ़ने से आज के चीन के अनूठे और दिलचस्प परिदृश्य का पता चलता है कि कैसे देश फिर से अपनी सांस्कृतिक परम्पराओं, साहित्यिक धरोहर और प्राचीन दर्शन से जुड़ रहा है जिन्हें कभी प्रगति के नाम पर नकार दिया गया था। यह पुस्तक बताती है कि किस प्रकार परिस्थितियां एक पूरे चक्र से गुजर चुकी हैं। कभी जिस शिक्षा और परंपरा को चीन

की कम्युनिस्ट पार्टी में पसंद नहीं किया जाता था, आज उसे देश के भावी विकास का महत्वपूर्ण और अनिवार्य घटक माना जाता है।

क्लासिक सूक्तियों की विद्वतापूर्ण व्याख्या और विश्लेषण के साथ-साथ, इस पुस्तक में शी जिनपिंग के जीवन से जुड़े अनेक प्रसंग हैं और यह भी बताया गया है कि कैसे पार्टी के नेता, राष्ट्र-प्रमुख और श्रम के साथ-साथ शिक्षा ग्रहण कर रहे ग्रामीण युवा के रूप में उन्होंने विद्वतजनों की वाणी को अपने व्यवहार और स्वभाव का हिस्सा बनाया।

आपकी दिलचस्पी चाहे चीन की संस्कृति और गौरव-ग्रन्थों में हो, उसके राजनीतिक-आर्थिक विकास में हो, अथवा इसके शीर्ष नेता शी जिनपिंग के जीवन और काल में हो; हमें विश्वास है कि यह संक्षिप्त पुस्तक आपकी उत्सुकता को संतुष्ट कर सकेगी।

"सांस्कृतिक आत्मविश्वास" पर चीनी प्रकाशक की टिप्पणी

"सांस्कृतिक आत्मविश्वास" किसी देश तथा राष्ट्र के विकास में एक बुनियादी, गहरी और टिकाऊ शक्ति है। स्वाभाविक है कि चीन की जनता का आत्मविश्वास देश की श्रेष्ठ परंपरागत संस्कृति से गहरे जुड़ा है। जनरल सेक्रेटरी शी जिनपिंग ने पहले भी कहा था कि नये युग में चीन की जनता को चीनी संस्कृति को बढ़ावा देना होगा और इसके रचनात्मक बदलाव तथा अभिनव विकास को समझना होगा। इस दिशा में उन्होंने स्वयं अपने उदाहरण से राह दिखाई। अनेक महत्वपूर्ण भाषणों और लेखों के जरिए, उन्होंने चीन के क्लासिकल साहित्य से अनेक बुद्धिमत्तापूर्ण उद्धरण प्रस्तुत किए। देश के शासन-प्रशासन से जुड़े मुद्दों पर चर्चा करते हुए, अंतरराष्ट्रीय अवसरों पर अपना दृष्टिकोण अथवा स्थिति स्पष्ट करते हुए, या फिर ज़मीनी स्तर पर कार्यकर्ताओं और आम लोगों से बातें करते हुए उन्होंने ये उद्धरण प्रस्तुत किए, जिनका जनता पर गहरा असर पड़ा। उन्होंने न केवल चीन की सांस्कृतिक परंपरा की मूलभूत श्रेष्ठता की व्याख्या की, बल्कि उसमें समय के अनुरूप नये निहितार्थ भी जोड़े जो नये युग की वैचारिक तेजस्विता के साथ चमकते हैं। ये उद्धरण बड़ी ही स्पष्टता के साथ आम लोगों को समझ में आने वाली भाषा में प्रस्तुत किए गए हैं जिससे क्लासिक ग्रन्थों के चरित्र फिर से सजीव हो उठते हैं।

विषय-सूची

भाग 1

हर शाखा की हर पत्ती का ध्यान रखना है

一枝一叶总关情

1- "आम जन के लिए" का अर्थ क्या है?

2- "आम जन के लिए" क्यों जरूरी है?

3- "आम जन के लिए" कैसे काम कर सकेंगे?

भाग 1 के व्याख्याकार

प्रोफेसर वांग लीछुन

उप-निदेशक, सेंटर फॉर दि सिस्टम ऑफ सोशलिज़्म विद चाइनीज़
करेक्ट्रीस्टिक्स स्टडीज़

तथा

प्रोफेसर गुओ जियानिंग

उप-निदेशक, रिसर्च सेंटर फॉर दि थ्योरेटिकल सिस्टम ऑफ सोशलिज़्म
विद चाइनीज़ करेक्ट्रीस्टिक्स, पेकिंग विश्वविद्यालय

एक

"आम जन के लिए" का अर्थ क्या है ?

"चिंग वंश के झेंग बैंचाओ प्रसिद्ध चित्रकार तथा विद्वान थे। उन्होंने काफी समय तक हेनन प्रांत की फान काउंटी में तथा शानडोंग प्रांत की वेई काउंटी में मजिस्ट्रेट के पद पर कार्य किया। (मजिस्ट्रेट के पद पर रहते हुए) उन्होंने खेती और रेशम-कीट पालन को महत्व दिया और प्राकृतिक आपदाओं के शिकार लोगों की भी मदद की। अपने कार्यालय में वह कोई काम बकाया नहीं छोड़ते थे और न ही उन्होंने कभी भी रिश्वत से कोई संपत्ति हासिल की थी। वह बेहद खरे, सच्चे और ईमानदार अधिकारी थे, इसलिए लोग भी उन्हें पसंद करते थे। उनकी यह कविता आम जन को प्यार करने की निरंतर प्रेरणा देती है —

अपने मजिस्ट्रेट के आवास में

जब मैं बाँसों की सरसराहट सुनता हूँ

मुझे लगता है, लोग दुख से कराह रहे हैं।

बेशक हम काउंटी के छोटे-से अधिकारी हों,

लेकिन हम ध्यान रखते हैं हर शाखा की हर पत्ती का।""

— शी जिनपिंग

जनरल सेक्रेटरी शी जिनपिंग ने 9 मई 2014 को हेनन प्रांत की लैनकाओ काउंटी में पार्टी की स्थायी समिति की बैठक में लोकतान्त्रिक जीवन के बारे में अपने भाषण में उक्त बात कही थी। उन्होंने चिंग वंश के झेंग बैंचाओ की कविता उद्धृत की। जनरल सेक्रेटरी शी को यह कविता बहुत पसंद है और उन्होंने अनेक अवसरों पर इसे उद्धृत किया है। वह इस कविता को इतना महत्व क्यों देते हैं?

प्रोफेसर वांग लीछुन के अनुसार –

यह कविता लिखे जाते समय झेंग बैंचाओ शानडोंग प्रांत की वेई काउंटी में मजिस्ट्रेट थे। इस कविता का काफी लंबा शीर्षक इस प्रकार है – *वेई काउंटी में झेंग बैंचाओ के आवास से गवर्नर बाओ के लिए बाँस पर चित्रकारी करना*। इस कविता के लिखे जाते समय वेई काउंटी एक प्राकृतिक आपदा से जूझ रही थी। झेंग बैंचाओ ने आपदा के शिकार लोगों की आजीविका से जुड़ी समस्याओं के लिए क्या समाधान निकाला? उन्होंने राजधानी निर्माण की परियोजना शुरू की और लोगों को इस काम में लगा दिया। हर श्रमिक को वेतन और भोजन मिलता था। इस कार्य से प्राकृतिक आपदा के कारण भुखमरी झेल रहे लोगों की समस्या दूर हुई। इस तरह, यह कविता मजिस्ट्रेट झेंग बैंचाओ की जनता के प्रति गहरी सहानुभूति को व्यक्त करती है।

दो

"आम जन के लिए" क्यों जरूरी है?

"सरकार जब लोगों की इच्छा के अनुरूप चलती है तो फलती-फूलती है। जब वह लोगों की इच्छा के खिलाफ चलती है तो उसका पतन होता है।" किसी राजनीतिक दल और राजनीतिक सत्ता का भविष्य और किस्मत लोगों की इच्छा पर ही निर्भर करते हैं।"

– शी जिनपिंग

जनरल सेक्रेटरी शी जिनपिंग ने 21 सितंबर 2014 को चाइनीज़ पीपुल्स पोलिटिकल कंसल्टेटिव कॉन्फ्रेंस – सीपीपीसीसी (चीनी जन-समूह का राजनीतिक सलाहकार सम्मेलन) की स्थापना की 65वीं वर्षगांठ के अवसर पर एक बैठक में यह व्याख्या प्रस्तुत की।

प्रोफेसर वांग लीछुन के अनुसार –

जनरल सेक्रेटरी शी द्वारा उद्धृत उक्त दो पंक्तियाँ *गुआन्जी* के *शेपर्डिंग दि पीपुल* (*मुमिन*) (अर्थात "लोगों को राह दिखाना") से ली गई हैं। *गुआन्जी* वसंत तथा पतझड़ काल (770–476 ईसा पूर्व) के दौरान गुआन झोंग के ग्रन्थों और लेखों का संग्रह है। "जनता की इच्छा के आगे समर्पण के चार विधान" (फोर ऐक्ट्स ऑफ सबमिशन टू दि विल ऑफ दि पीपुल) *मुमिन* का एक भाग है जिसमें कहा गया है कि "राजनीतिक सत्ता जब लोगों की इच्छा के अनुरूप चलती है तो फलती-फूलती है। जब वह लोगों की

इच्छा के खिलाफ चलती है तो उसका पतन होता है।'

इस कथन का सार यही है कि किसी राजसत्ता के उत्थान और पतन का अंतिम निर्णायक कारक जनता का समर्थन ही है। गुआन झोंग के इस कथन का मर्म अनेक प्राचीन विद्वानों, खास तौर से ज़मीनी स्तर पर कार्यरत कुछ अधिकारियों ने समझा। यह कथन *"दि बुक ऑफ दि लेटर हान"* पुस्तक में टोंग हुइ की जीवनी से लिया गया है। टोंग हुइ उत्तर-हान राजवंश (25–220 ई.) के अंतिम वर्षों में बुकी काउंटी में मजिस्ट्रेट थे। उनकी जीवनी में कहा गया है, "यह इलाका एकदम शांत है और कई वर्षों से काउंटी की जेल में एक भी कैदी नहीं है।" कैसी अनोखी बात है! काउंटी की जेल में वर्षों से कोई कैदी न होने का मतलब है कि काउंटी मजिस्ट्रेट ने सार्वजनिक व्यवस्था बनाए रखने में शानदार काम किया है। नागरिकों की एक दूसरी समस्या थी। इस काउंटी में बाघ घूमते रहते थे। टोंग हुइ ने पद संभालने के बाद, बाघों को पहाड़ों की तरफ खदेड़ देने के सफल प्रयास किए। जल्दी ही, इलाके में स्थितियाँ सामान्य हो गईं। *"दि बुक ऑफ दि लेटर हान"* के संकलनकर्ता फान ये ने टोंग हुइ की प्रशंसा में लिखा है, "अगर सत्ताधारी लोगों की मन की बात समझें और उससे सहानुभूति रखें तो हर परिवार से खुशियों भरे संगीत के स्वर सुनाई देंगे।" अर्थात, जब किसी अधिकारी को आम लोग से प्यार मिले तो हर परिवार बेहद प्रसन्न रहेगा। किसी राजसत्ता का उत्थान और पतन लोगों के समर्थन पर निर्भर करता है, लेकिन सरकारों को समर्थन मिलना या नहीं मिलना उसके अधिकारियों के आचरण पर निर्भर करता है।

तीन

"आम जन के लिए" कैसे काम करें?

"'जनता को फायदा पहुँचाने वाली सभी नीतियों को, चाहे वे कितनी भी छोटी लगें, जरूर लागू करें; लोगों को नुकसान पहुँचाने वाली किन्हीं भी नीतियों को, वे कितनी भी मामूली लगें, एकदम हटा दें।' इसका मतलब है कि कोई भी नीति कितनी भी मामूली लगे, अगर वह आम लोगों को फायदा पहुँचा रही है तो सरकार को उसे अवश्य लागू करना चाहिए। लेकिन अगर कोई नीति आम लोगों को नुकसान पहुँचा रही हो तो उसे समाप्त कर देना चाहिए। इतिहास जनता द्वारा लिखा जाता है, इसलिए हमारी सारी उपलब्धियां जनता की वजह से ही हैं। जब तक हम जनता से गहरे जुड़े हुए हैं और उस पर पूरा भरोसा करते हैं, हमें अदम्य शक्ति मिलती रहेगी और हम कैसे भी भले या बुरे वक्त में, हिम्मत के साथ आगे बढ़ते रहेंगे।"

– शी जिनपिंग

प्रोफेसर वांग लीछुन के अनुसार –

जनरल सेक्रेटरी शी ने ये दो पंक्तियाँ चिंग काल के प्रख्यात अर्थशास्त्री वेन सीडा (1633–1683) की पुस्तक *"टेक्स्चुअल स्टडी ऑन दि राइट्स ऑफ झोउ" (झोउ गुआन बिआन फे)* से उद्धृत की हैं। इसमें कहा गया है कि जनता को फायदा या नुकसान पहुँचाने वाली हर नीति महत्वपूर्ण है, चाहे वह कितनी भी छोटी क्यों न हो। जनता को लाभ पहुँचाने वाली हर नीति को बढ़ावा दिया जाना चाहिए, जबकि नुकसान पहुँचाने वाली हर नीति को त्याग देना चाहिए।

इस दृष्टिकोण को स्पष्ट करने वाली एक प्रसिद्ध कहानी है। लियु चोंग इतिहास में "वन कॉइन मजिस्ट्रेट" (एक सिक्के वाले मजिस्ट्रेट) के नाम से प्रसिद्ध हैं। जब वह अधिकारी थे तो अपने कार्यक्षेत्र के लोगों को बहुत पसंद करते थे। वह लोगों की भलाई का हर काम करते थे और उन्हें नुकसान पहुँचा सकने वाली हर नीति को समाप्त कर देते थे।

उन्होंने कुऐजी इलाके के प्रमुख के रूप में शानदार काम किया, इसलिए उन्हें पदोन्नत कर केन्द्रीय सरकार में लाया गया। जब उनके इलाके के लोगों ने उनके जाने की खबर सुनी तो पाँच-छह बूढ़े लोग उन्हें विदा देने आए। इनमें से प्रत्येक अपने साथ सौ-सौ सिक्के लाया था। इन बूढ़ों ने लियु चोंग को बताया कि उनके काउंटी में पद संभालने से पहले, लोगों को आधी रात को या फिर पूरी रात कुत्तों के भोंकने की आवाजें सुनाई देती थीं। क्यों? क्योंकि तब के अधिकारी रात में लोगों के सोने के समय का इंतजार करते थे। तब वे लोगों को पकड़ने आते थे और पैसे मांगते थे या लगान वसूलते थे। पिछले वर्षों में, कुत्ते हर रात भोंकते थे। लेकिन लियु चोंग के मजिस्ट्रेट बनने के बाद से रात में कुत्तों का भोंकना बंद हो गया और स्थानीय किसानों पर बोझ काफी कम हो गया। अब उनके जाते समय, वे लोग उन्हें रोक तो नहीं पा रहे हैं, फिर भी वे यह राशि अपनी कृतज्ञता व्यक्त करने के लिए लाए हैं। मजिस्ट्रेट लियु चोंग बूढ़ों की भावनाओं से अभिभूत हो गए। उन्होंने कहा कि अगर वे यह राशि नहीं लेंगे तो वह इन लोगों की प्रतीकात्मक सद्भावना को अस्वीकार कर रहे होंगे। लेकिन इतनी बड़ी राशि वह स्वीकार भी नहीं करना चाहेंगे। इसलिए, उन्होंने सुझाव दिया कि वह उनसे मात्र एक सिक्का स्वीकार करेंगे। यह एक सिक्का आम लोगों की भलाई के लिए उनकी सम्पूर्ण ऊर्जा और विचारों के समर्पण, तथा लोगों को लूटने वाले भ्रष्ट अधिकारियों को रोकने के उनके प्रयासों का प्रतीक होगा। इस एक सिक्के ने उन्हें जैसे क्रोएसस जैसा अमीर बना दिया। यह सिक्का बहुत बड़ी सम्पदा जैसा है।

प्रोफेसर गुओ जियानिंग के अनुसार –

इतिहास ऐसा दर्पण है जिससे हम सब को सीख लेनी चाहिए। जनता के विविध वर्गों को – जिनमें युवा विद्यार्थी, खास तौर से पार्टी सदस्य और कार्यकर्ता भी शामिल हैं – इतिहास पढ़ना चाहिए ताकि वे चीन की हजारों वर्षों की सभ्यता के इतिहास, हमारी

पार्टी और देश के इतिहास को समझ सकें जिससे हम शासन की समझ और अनुभव ग्रहण करते हैं ताकि हम समाज और देश के लिए बेहतर योगदान कर सकें।

लेकिन आम लोगों के हित में कैसे काम करें? इसका तात्पर्य है कि लोगों को खुशी दिलाएँ और उनकी भलाई के ज्यादा से ज्यादा काम करें।

चीनी विशेषताओं के साथ चीनी समाजवाद अब एक नये युग में प्रवेश कर गया है। हमारे समाज का सबसे प्रमुख अंतर्विरोध यह है कि एक तरफ जनता को बेहतर जीवन सुलभ करने की मांग बढ़ रही है, दूसरी तरफ असंतुलित विकास और कम विकास की समस्या है। हम इस परिवर्तन का आरंभ कैसे करें? इस समय तो सबसे महत्वपूर्ण काम यही है कि चीन के सभी क्षेत्रों में ठीक-ठीक समृद्धि वाला समाज बनाने के कार्य में निर्णायक विजय हासिल की जाए।

जनरल सेक्रेटरी शी जिनपिंग ने इस कार्य के बारे में काफी कुछ कहा है। "हमें सच्चे अर्थों में गरीबी दूर करनी है" अथवा "लक्षित तरीके से गरीबी उन्मूलन और लोगों को गरीबी से मुक्त करना है" अथवा "सभी प्रकार से समुचित समृद्ध समाज बनाने की प्रक्रिया में किसी को भी नहीं छूटने देना है और सामूहिक समृद्धि के मार्ग पर किसी को पीछे नहीं छोड़ना है।"

जनरल सेक्रेटरी शी जिनपिंग ने शिबाडोंग गाँव के निरीक्षण के दौरान पहली बार "लक्षित गरीबी उन्मूलन" की धारणा प्रस्तुत की थी।

चीन के समुचित समृद्ध होने से जुड़ी बड़ी बात यह है कि देश के ग्रामीणों की दशा बेहतर हो। जनरल सेक्रेटरी शी जिनपिंग ने अपने एक भाषण में कहा था कि चीन की गरीब जनता को 2020 तक, वर्तमान मानदंडों के अनुरूप, गरीबी से मुक्त कर सकेंगे और यह हमारा पक्का वादा है। उन्होंने कहा कि वह "अपने वादे के पक्के हैं।" 2020 तक, गरीबी से जूझ रहे लाखों चीनी लोग इससे मुक्त हो सकेंगे और सभी गरीब देश गरीबी से मुक्त हो सकेंगे। इसलिए हम सबको, इस ऐतिहासिक वचन को निभाने के लिए मिलकर प्रयास करने होंगे। यह वचनबद्धता चीनी राष्ट्र और पूरे विश्व के लिए बेहद महत्वपूर्ण है।

लक्षित गरीबी उन्मूलन और सभी क्षेत्रों में समुचित समृद्धि लाने की नीति जनता की

समर्पित भाव से सेवा करने के हमारी पार्टी के एकनिष्ठ उद्देश्य तथा जनरल सेक्रेटरी शी जिनपिंग के जन-केन्द्रित विकास के दर्शन को व्यक्त करती है। शी जिनपिंग के विचारों का महत्वपूर्ण कथ्य और विशिष्टता जन-केन्द्रित विकास ही है। उनके विचारों का कथ्य ठोस और गहन है और उसमें अनेक मूल्यवान कथन निहित हैं। उदाहरण के लिए, ऐसे ही कुछ कथन हैं:

"महान ऐतिहासिक उपलब्धियां हासिल करने के लिए जनता पर विश्वास करो और अच्छा जीवन बनाने के लिए जनता का नेतृत्व करो।"

"अच्छे जीवन की जनता की इच्छा हमारे संघर्ष का उद्देश्य है।"

"लोगों की भलाई को सबसे बड़ी राजनीतिक उपलब्धि मानें।"

"हम इन दिनों जिस समय में रहते हैं, हर समय हमारी परीक्षा-पत्र तैयार की जाती है, हम सब अधिकारियों को इस परीक्षा में बैठना पड़ता है और जनता हमारी उत्तर-पुस्तिकाएं जांच कर हमें अंक देती है।"

हमें शी जिनपिंग के निर्देशों का हमेशा ध्यान रखना चाहिए और हमें सुधारों, नियमों को उदार बनाने से जुड़े सभी पक्षों के विकास तथा सामाजिक व्यवहार में जन-केन्द्रित नीतियां अपनानी चाहिए। हमें आम लोगों को अपना शिक्षक मानना चाहिए, उनके सुख में सुखी और उनके दुख में दुखी होना चाहिए, जनता की किस्मत के साथ अपनी किस्मत को जोड़ कर देखना चाहिए तथा अपने दिल जनता के दिल से जोड़ देने चाहिए। हमें अपने पर्चों पर संतोषजनक उत्तर लिख कर जनता को सौंपने चाहिए और जनता के सुखमय जीवन का नया अध्याय लिखना चाहिए।

भाग 2

देश के शासन का आधार आम लोगों की भलाई है

1- लोगों की आजीविका को महत्व देना

2- लोगों के सद्गुणों को बढ़ावा देना

3- अत्यंत लोकप्रिय होना

治国有常民为本

भाग 2 के व्याख्याकार

प्रोफेसर झाओ दोंगमेई
पेकिंग विश्वविद्यालय

और

प्रोफेसर वांग चीया
सेंट्रल पार्टी स्कूल

एक

लोगों की आजीविका को महत्व देना

"जैसा कि कहावत है, *'देश के शासन का आधार आम लोगों की भलाई है'*। विकास का जन-केन्द्रित विचार कोई अदृश्य या हवाई धारणा नहीं है। इसलिए इसे मात्र शब्दों तक नहीं सीमित होना चाहिए या फिर विचारधारा तक ही सिमट कर नहीं रह जाना चाहिए, बल्कि इसमें सामाजिक-आर्थिक विकास के सभी पक्ष नज़र आने चाहिए। हमें इस विश्वास पर दृढ़ रहना चाहिए कि आम लोग ही समाज में सबसे प्रमुख हैं और हमें अच्छी जिंदगी की उनकी आकांक्षाओं को पूरा करना चाहिए। हमें अपनी जनता के बड़े वर्ग के बुनियादी हितों को निरंतर समझना चाहिए और उन्हें पूरा करने का प्रयास करना चाहिए। हमें आम जन के लिए और आम जन पर निर्भर विकास हासिल करना चाहिए और सुनिश्चित करना चाहिए कि लोगों को विकास के लाभ मिलें।"

– शी जिनपिंग

यह उद्धरण जनरल सेक्रेटरी शी जिनपिंग के प्रांतीय स्तर के प्रमुख नेताओं के 18 जनवरी 2016 के सेमिनार में दिए गए भाषण का अंश है। यह सेमिनार चीन की कम्युनिस्ट पार्टी की 18वीं राष्ट्रीय कांग्रेस के पाँचवें पूर्ण अधिवेशन की चर्चा की मूल भावना के अध्ययन तथा कार्यान्वयन पर विचार करने के लिए आयोजित किया गया था।

प्रोफेसर झाओ दोंगमेई के अनुसार –

"देश के शासन का आधार आम लोगों की भलाई है।" – यह सूक्ति *"हुवाईनेंजी – ए कंपेंडियम ऑफ एसेज"* (निबंध-संग्रह) से ली गई है। इसका अर्थ स्पष्ट, सरल और आसानी से समझ में आने वाला है। इसके अनुसार, देश का शासन चलाने का सिद्धान्त मूलतः लोगों की भलाई और आम जनता को इसकी उपलब्धियों को लाभ पहुँचाने का होना चाहिए। पश्चिमी हान वंश (206 ई.पू. – 25 ई.) के शासन के दौरान संकलित ग्रन्थों – *"दि ग्रांड हिस्टोरियन"* और *"स्ट्रेटेजेम्स ऑफ दि वारिंग स्टेट्स"* में, झाओ के राजा वुलिंग के "युद्ध में बर्बर पोशाक पहनने और घुड़सवार सेना के इस्तेमाल" से संबन्धित सुधारों के सिलसिले में कहा गया है कि *"राज्य के शासन का आधार हमेशा जन-कल्याण होना चाहिए। सरकारी आदेशों का बाधाओं के बिना पालन किया जाना चाहिए।"*

उस समय झाओ प्रांत चीन का सबसे उत्तरी प्रांत था। यहाँ के निवासी घुमंतू कबीलों के करीब रहते थे जिनकी जिंदगी घोड़ों पर ही गुजर जाती थी। युद्धों के समय इन कबीलों के घुड़सवार आसानी से अपने को परिस्थितियों के अनुकूल बना लेते थे और झाओ प्रांत की सेना को हमेशा नुकसान उठाना पड़ता था। बार-बार पराजय के बाद, राजा वुलिंग ने अपने सैनिकों को भी घुड़सवारी और तीरंदाजी सिखाई और अपनी घुड़सवार सेना खड़ी की। इस तरह, उनकी सेना ने घुड़सवारी सीखी। आज हमें यह बड़ी साधारण बात लगती है लेकिन उस समय यह नई टेक्नोलॉजी अपनाने की एक बड़ी पहल थी। सेना की पोशाक भी बदली गई जो प्राचीन काल के चीनी लोगों के लिए बड़ी सांस्कृतिक और मनोवैज्ञानिक चुनौती थी।

गहन चिंतन के बाद, झाओ के राजा वुलिंग ने दृढ़ता से इस सूक्ति को अपनाया कि *"राज्य के शासन का आधार हमेशा जन-कल्याण होना चाहिए।"* चूंकि घुड़सवारी और तीरंदाजी से उनकी जनता के जान-माल की सुरक्षा होती थी, इसलिए इस परियोजना में आने वाली हर बाधा को दूर किया गया। इसलिए झाओ के राजा वुलिंग का "युद्ध में बर्बर पोशाक पहनने और घुड़सवार सेना के इस्तेमाल" का अभियान बहुत शानदार तरीके से चलाया गया और झाओ प्रांत अपने इतिहास में शक्ति और समृद्धि के सर्वोत्तम स्तर तक पहुँचा।

प्रोफेसर वांग चीया के अनुसार –

"देश के शासन का आधार आम लोगों की भलाई है।" सूक्ति चीन के सरकारी अधिकारियों के हजारों वर्षों में अर्जित बुद्धिमत्ता और शासन चलाने के अनुभव का सार है, साथ ही यह आज की परिस्थितियों में इसे अपनाने की राह भी दिखाती है। हमारे पूर्वजों से विरासत में मिली ये विचारधाराएं आज भी हमारे व्यावहारिक कार्यों के लिए अत्यंत महत्वपूर्ण हैं।

जनरल सेक्रेटरी शी जिनपिंग ने अपने प्रयासों और सरोकारों को आम लोगों की आजीविका से जोड़ा है। गरीबी उन्मूलन और विकास कार्यों का जायजा लेने के लिए, वह 29 दिसंबर 2012 को, कार से 480 किलोमीटर का सफर तय करके हेबेई प्रांत की फूपिंग काउंटी पहुँचे। उसी रात, उन्होंने प्रांतीय, म्युनिसिपल और काउंटी सरकारों के प्रमुख नेताओं की रिपोर्ट को सुना। अगले दिन सुबह, कड़ाके की ठंड में वह अनेक गरीबी से ग्रस्त गाँवों में गए। ग्रामीण-जनों के घरों में, *कांग* (कच्ची ईंट) पर बैठ कर, उन्होंने उनकी सालाना आमदनी, जाड़ों में पर्याप्त वस्त्र होने की स्थिति, पर्याप्त भोजन की उपलब्धता, घर गरम रखने के लिए चारकोल होने, घरों से स्कूल की दूरी, और बीमारी की स्थिति में डॉक्टर मिल पाने की सुलभता के बारे में पूछताछ की। बाद में, वह ग्राम समिति के कार्यालय में गए और गाँव के लोगों, स्थानीय कार्यकर्ताओं तथा उच्चतर स्तर के संगठनों के गाँव में कार्यरत प्रतिनिधियों से गरीबी दूर करने में ग्रामीणों की मदद करने के तरीकों के बारे में चर्चा की।

जनरल सेक्रेटरी शी जिनपिंग ने कहा, "हर क्षेत्र में समुचित समृद्धि वाला समाज बनाने के हमारे प्रयास ग्रामीण लोगों के जीवन-स्तर पर निर्भर करते हैं।" यह कथन चीन को हर क्षेत्र में समुचित समृद्धि वाला समाज बनाने की रणनीति का सारांश प्रस्तुत करता है। गरीबी उन्मूलन आज के चीन की सबसे बड़ी परियोजना है और यह लोगों की भलाई और खुशहाली की भी सबसे बड़ी परियोजना है। हमें निश्चित रूप से इस लड़ाई को जीतना है ताकि गरीब इलाकों में रह रहे लोग, बाकी चीनी लोगों की तरह, समुचित समृद्ध समाज का हिस्सा बन सकें।

दो

लोगों के सद्गुणों को बढ़ावा देना

"सद्गुणों को विकसित करने के लिए बड़ी महत्वाकांक्षा और व्यावहारिक योजना होनी चाहिए। स्वयं को अपने देश के लिए समर्पित करना और अपने लोगों की सेवा करना एक बड़ा सद्गुण है। बड़े सद्गुण विकसित करने वाले लोग ही बड़े-बड़े काम कर सकते हैं। इससे पहले, लोगों को छोटे-छोटे कामों से शुरुआत करनी चाहिए और छोटी-छोटी बातों में भी आत्म-अनुशासित होना चाहिए। *'अच्छी बातों का अनुसरण करो और अपनी गलतियों को सुधारो।'* हमें धीरे-धीरे सामाजिक और निजी सद्गुण विकसित करने होंगे, और काम करना, किफायत से खर्च करना, कृतज्ञ होना, दूसरों की मदद करना, विनम्र और सहिष्णु होना, अपने कामों की समीक्षा कर पाना और आत्म-संयम बनाए रखने का अभ्यास करना होगा।"

– शी जिनपिंग

यह उद्धरण जनरल सेक्रेटरी शी जिनपिंग के 4 मई 2014 को पेकिंग विश्वविद्यालय में शिक्षकों और विद्यार्थियों के सेमिनार में दिए गए भाषण से लिया गया है।

प्रोफेसर झाओ दोंगमेई के अनुसार –

"अच्छी बातों का अनुसरण करो और अपनी गलतियों को सुधारो।" – यह सूक्ति "बुक

ऑफ चेंजिस" के 42वें हैक्साग्राम से ली गई है। मूल पाठ (का अनुवाद) इस प्रकार है
– "कोई श्रेष्ठ व्यक्ति जब कोई अच्छी बात देखता है तो वह उसका अनुसरण करता
है और अपने अंदर की बुराई को दूर करता है।"

इसका तात्पर्य अपने सामाजिक व्यवहार और चरित्र-निर्माण से है कि कैसे कोई एक
बेहतर इंसान और बेहतर नागरिक बन सकता है। इसलिए, हर व्यक्ति को अपनी
कमियों को समझना चाहिए, उनकी तुलना श्रेष्ठ व्यक्तियों की खूबियों से करनी चाहिए,
उनसे सीखना चाहिए और उन अच्छाइयों के करीब पहुँचने के प्रयास करने चाहिए।
यही "अच्छी बातों का अनुसरण करो" का तात्पर्य है। जब किसी को पता चले कि जो
काम उसने किया है, उसमें कुछ गलती या कमी है तो उस व्यक्ति को उस काम को
तुरंत ठीक करना चाहिए। अपनी गलती सुधारने में डरना नहीं चाहिए। ऐसा करने से
ही कोई लगातार प्रगति कर सकता है और एक सज्जन व्यक्ति, अथवा आज की भाषा
में सुयोग्य और बेहतर नागरिक बन सकता है।

इस सूक्ति के अर्थ के तीन स्तर हैं।

एक, किसी भी व्यक्ति को सुधार के लिए निरंतर उत्साह बनाए रखना चाहिए और कभी
भी संतुष्ट होकर नहीं बैठ जाना चाहिए, बल्कि निरंतर प्रगति करनी चाहिए। "अच्छी
बातों का अनुसरण करने" और "अपनी गलती दूर करने" का अर्थ तरक्की करना, सुधार
करना और खुद को बेहतर बनाना है।

दूसरे, हममें से हर व्यक्ति को आत्म-निरीक्षण करना चाहिए। कन्फ्यूशियस के मत
में "रोज़ाना आत्म-निरीक्षण के अभ्यास" की बात कही गई है। "आत्म-निरीक्षण" का
तात्पर्य "आत्म-परीक्षा" है। अपने कार्यों के निरंतर परीक्षण से ही कोई निरंतर प्रगति
कर सकता है।

तीसरी बात यह है कि किसी बेहतर व्यक्ति या बेहतर बात को जानने पर हमारा
दृष्टिकोण क्या होना चाहिए? हमें श्रेष्ठ व्यक्ति की ही तरह काम करना चाहिए। श्रेष्ठतम
प्राचीन विद्वानों ने ज्ञान को गहराई से समझा। उन्होंने अपने ज्ञान को कर्म में बदला
और समाज को प्रभावित किया। वे बहुत अच्छी तरह से आत्म-निरीक्षण करते थे। उनमें
अपनी गलतियों को ठीक करने का साहस था, वे ज्ञान को कर्म में बदल सकते थे
और अभ्यास के जरिए निरंतर प्रगति कर सकते थे। आज भी हम विज्ञान, प्रौद्योगिकी,

भौतिक उपलब्धियों और ज्ञान के लिए उन प्राचीन विद्वानों की दिखाई राह पर चल सकते हैं और उनसे भी बेहतर बन सकते हैं। अपने सार रूप में, प्राचीन विद्वानों द्वारा बताए गए प्रगतिशील उपायों और साधनों से बहुत कुछ सीख सकते हैं और सीख कभी पुरानी नहीं होती।

तीन

अत्यंत लोकप्रिय होना

"एक पुरानी कहावत है, *'जो पानी नाव को तैराए रखता है, वही उसे डुबा भी देता है।'* हमें यह बात हमेशा याद रखनी चाहिए और कभी भूलनी नहीं चाहिए। जनता ही हमारे ऊपर का आसमान और नीचे की ज़मीन है। अगर हम लोगों को भूल जाएँगे और उनसे दूर हो जाएँगे तो हम उनका समर्थन खो बैठेंगे। हमारी हालत बिना किसी स्रोत की नदी या बिना जड़ के पेड़ जैसी हो जाएगी और हम कुछ भी हासिल नहीं कर पाएंगे। इसलिए हमें हमेशा जनता पर विश्वास करने और उनकी सेवा करने के लिए चीन की कम्युनिस्ट पार्टी के सिद्धान्तों का पालन करना चाहिए। हमें जनता से घनिष्ठ संबंध बनाए रखने चाहिए, उनकी आलोचना और निगरानी को सिर-आँखों पर लेना चाहिए, आम लोगों के चेहरों पर नज़र आती तकलीफों पर हमेशा ध्यान देना चाहिए और उन्हें हमेशा खुशहाल बनाने के तरीके ढूँढ़ने चाहिए। तभी हम सुनिश्चित कर सकेंगे कि हमारी पार्टी को जनता का निरंतर विश्वास और समर्थन मिल रहा है। हम यह भी सुनिश्चित कर सकेंगे कि हमें अपने लक्ष्य की ओर आगे बढ़ते रहने को लगातार ऊर्जा का अक्षय स्रोत मिलता रहे।"

– शी जिनपिंग

यह उद्धरण लाँग मार्च (लम्बा कूच) की जीत के 80वीं जयंती समारोह (21 अक्तूबर 2016) के अवसर पर जनरल सेक्रेटरी शी जिनपिंग के भाषण से लिया गया है।

प्रोफेसर झाओ दोंगमेई के अनुसार –

"जो पानी नाव को तैराए रखता है, वही उसे डुबा भी देता है" सूक्ति सबसे पहले *"शुंजी – रॉयल रेगुलेशंस"* में मिलती है। मूल उद्धरण है – *"शासक नाव है और आम जनता पानी है। जो पानी नाव को तैराए रखता है, वही उसे डुबा भी देता है।"* सरल भाषा में, राजा नाव और जनता पानी की तरह है। पानी नाव को तैरा भी सकता है और डुबा भी सकता है।

शीन कूनांग (313–218 ई.पू.) के रूपक में जन-केन्द्रित विचार हैं, अर्थात जनता महत्वपूर्ण है और वही राज्य का आधार है। जनता और राजा का पानी और नाव का रूपक बड़ा ही स्पष्ट है। इतिहास में राजवंशों के परिवर्तन से हम देखते हैं कि कैसे जनता ने नाव को सहारा दिया और डुबा भी दिया। उदाहरण के लिए, सुई राजवंश (581–618 ई.) के सम्राट यांग ने अनेक कार्य किए। जब हम अनेक वर्षों बाद इतिहास के नजरिए से देखते है, अथवा गरुड़ जैसे किसी पक्षी के विराट परिप्रेक्ष्य से देखते हैं, तो हमें लगता है कि उसके कार्य सकारात्मक, महत्वपूर्ण और उपयोगी थे। लेकिन इतिहास को मात्र एक ही नजरिये से नहीं देखा जा सकता। हम मात्र एक गरुड़ की ऊंचाई से ही इसे नहीं देख सकते, न ही सौ-दो सौ साल के मानदंड से देख सकते हैं। वास्तव में इतिहास को देखने में सबसे महत्वपूर्ण बात यह है कि उस समय लोगों का जीवन कैसा था। इस दृष्टिकोण से अगर देखें तो सुई के सम्राट यांग का काल निरंतर युद्धों और कड़े श्रम का था। ऐसे जीवन का मतलब था कि लोगों को बहुत तकलीफें झेलनी पड़ती थीं और उनके पास इनसे बचने का कोई चारा नहीं था। यह स्थिति इतनी दुखद थी कि जिस तरह बूंद-बूंद से सागर भरता है, उसी तरह लोग एकजुट होते गए और उन्होंने सुई शासन को उखाड़ फेंका। सुई शासन के पतन से पता चलता है कि कैसे पानी नाव को तैराए रखता है और उसे डुबा भी देता है। तांग वंश (618–907 ई.) के सम्राट तेजों ने सुई वंश के पतन को खुद देखा था इसलिए वह *"जो पानी नाव को तैराए रखता है, वही उसे डुबा भी देता है"* कहावत के सच को समझते थे। वह इस बात को इतनी अच्छी तरह समझते थे कि वह अपने मंत्रियों द्वारा की गई आलोचना को भी सुनते थे। इसीलिए तो ज़ेनगुआन शासन के सुखद प्रशासन काल (बिनाइन एडमिनिस्ट्रेशन ऑफ दि ज़ेनगुआन रेन पीरियड) का उदय हुआ जिससे हम सभी परिचित हैं।

मुझे लगता है कि ज़ेनगुआन शासन के सुखद प्रशासन काल को हममें से ज्यादातर लोग ठीक से नहीं समझ पाते। हमें लगता है कि उस काल में तांग साम्राज्य बहुत शक्तिशाली और खुशहाल था और इसकी राष्ट्रीय शक्ति बीस वर्ष पहले के सुई साम्राज्य से भी ज्यादा थी। लेकिन तथ्य यह है कि तांग साम्राज्य वास्तव में सौ साल बाद "कैयुआन शासन" के दौरान शक्तिशाली और समृद्ध हुआ। "ज़ेनगुआन शासन" में भले ही विभिन्न वस्तुओं से भंडार कितने भी भरे रहे हों, यह शासन सुई वंश के बाद के वर्षों के शासन की तुलना में कमज़ोर था। लेकिन हम ऐसी स्मृतियाँ क्यों सँजो कर रखते हैं और "ज़ेनगुआन शासन काल" की प्रशंसा करते हैं? वह समय वास्तव में कैसा था?

दि पोलिटिकल प्रोग्राम इन ज़ेनगुआन टाइम्स (ज़ेनगुआन काल का राजनीतिक कार्यक्रम) में कहा गया है कि उस दौरान गलियों और सड़कों पर चलना बहुत सुरक्षित था। यात्रा करना सुरक्षित था और सड़कों पर कोई ठग नहीं होते थे। जेलें खाली होती थीं क्योंकि कोई अपराधी थे ही नहीं। लोगों को घर छोड़ कर कहीं जाते समय दरवाजों पर ताले लगाने की जरूरत नहीं होती थी। कई वर्षों तक लगातार अच्छी फसल होने से अनाज इतना सस्ता था कि तीन-चार ताँबे के सिक्कों में एक डाउ (करीब 10 लीटर) सामान आ जाता था। राजधानी चाँगान से लिनान, या फिर शानडोंग से समुद्र-तट तक जाते समय, यात्रियों को अपने साथ अनाज नहीं ले जाना होता था क्योंकि रास्ते में भोजन-सामग्री तथा अन्य वस्तुएँ खरीदी जा सकती थीं। शानडोंग में, ग्रामीण लोग मेहमानों और यात्रियों से बहुत अच्छा व्यवहार करते थे। यहाँ तक कि उनके जाते समय उनके सफर के लिए सूखी चीजें बना कर दे देते थे। ऐसा था ज़ेनगुआन शासन का सुखद प्रशासन काल, जिसकी तारीफ तांग शासन के दौरान लोगों ने की! जहाँ तक राष्ट्रीय शक्ति का सवाल है, यह उस समय बहुत मजबूत नहीं थी और संभवतः सुई शासन के बाद के वर्षों से भी ज्यादा खराब थी। लेकिन समाज में आपसी सौहार्द, शांति और प्रसन्नता थी। उस समय लोगों का जीवन इतना अच्छा था जैसे साफ नीले आकाश के नीचे समुद्र का शांत जल दिखता है। जनता ने तांग साम्राज्य के आगे बढ़ते विशाल जहाज को सहारा दे रखा था। साम्राज्य के उत्थान और पतन की निर्णायक शक्ति जनता ही थी।

प्रोफेसर वांग चीया के अनुसार –

लोगों के जीवन-स्तर में निरंतर सुधार करके ही हम अत्यंत लोकप्रिय हो सकते हैं। यही द्वन्द्वात्मकता है। इसीलिए जनरल सेक्रेटरी शी जिनपिंग ने बताया कि हमें लोगों की खुशहाली और उनके समग्र विकास को ही विकास का आधार और प्रारम्भिक-बिन्दु मानना चाहिए। अर्थात हमें कड़ी मेहनत करते हुए लोगों के दिल जीतने चाहिए। जनता द्वारा कामों को पसंद किया जाना ही सबसे बड़ी सराहना है और लोगों का विश्वास ही सरकार का सबसे बड़ा समर्थन है।

भाग 3

सद्गुणों से रहित देश खुशहाल नहीं हो सकता

国无德不兴

1- सद्गुणों का विकास क्यों करें?

2- कैसे सद्गुण अपनाएं?

3- सद्गुणों का विकास कैसे करें?

भाग 3 के व्याख्याकार

प्रोफेसर यांग यू
ज़ोंगनान विश्वविद्यालय

और

प्रोफेसर आई सिलिन
सिंघुआ विश्वविद्यालय

एक

सद्गुणों का विकास क्यों करें?

"हर युग की अपनी एक भावना और अपने मूल्य होते हैं। औचित्य, न्याय, सत्यनिष्ठा और गौरव – ये किसी राज्य को बनाए रखने के चार आयाम हैं। *'जब इन चारों आयामों को बनाए नहीं रखा जाता, तो राज्य का निश्चित रूप से पतन हो जाता है।'* यह हमारे पूर्वजों की अपने मूलभूत जीवन-मूल्यों के प्रति समझ थी। आज हमारे लोगों और देश के मूलभूत जीवन-मूल्य क्या हैं? यह सैद्धान्तिक और व्यावहारिक प्रश्न है। हमने निश्चय किया है कि हमें बुनियादी जीवन-मूल्यों को बढ़ावा देना ही है। हमें समृद्धि, लोकतन्त्र, शिष्टाचार, सद्भाव, स्वाधीनता, समानता, न्याय, कानून के शासन, देशभक्ति, समर्पण-भाव, सत्यनिष्ठा और मित्रता के मूल्यों को अपनाना है। समृद्धि, लोकतन्त्र, शिष्टाचार और सद्भाव देश के लिए हैं। स्वाधीनता, समानता, न्याय और कानून के शासन के मूल्य समाज के लिए हैं। और देशभक्ति, समर्पण-भाव, सत्यनिष्ठा और मित्रता के मूल्य नागरिकों के लिए हैं। ये मूल्य बताते हैं कि हम कैसा देश और समाज बनाना चाहते हैं और हम कैसे नागरिकों का निर्माण कर रहे हैं।"

– शी जिनपिंग

यह उद्धरण जनरल सेक्रेटरी शी जिनपिंग के 4 मई 2014 को पेकिंग विश्वविद्यालय के शिक्षकों और विद्यार्थियों की संगोष्ठी में दिए गए भाषण से लिया गया है।

प्रोफेसर यांग यू के अनुसार –

जनरल सेक्रेटरी शी जिनपिंग ने एक प्रसिद्ध क्लासिक उक्ति को उद्धृत किया है, *"जब इन चारों आयामों को बनाए नहीं रखा जाता, तो राज्य का निश्चित रूप से पतन हो जाता है।"* यह उक्ति प्राचीन क्लासिक ग्रन्थ *गुआंक्सी* से ली गई है। मूल कथन है, *"राज्य के चार आयाम (वेइ) हैं . . . ये चार आयाम क्या हैं? पहला आयाम औचित्य है, दूसरा नेकी, तीसरा सत्यनिष्ठा है और चौथा लज्जा का एहसास है।"* "वेइ" शब्द का मूल अर्थ ऐसा धागा है जो वस्तुओं को एक साथ बांधता है। इसका उद्देश्य सभी आवश्यक वस्तुओं को एक साथ बांध कर रखना है। *"राज्य के चार आयाम होते हैं"* का मतलब है कि औचित्य, नेकी, सत्यनिष्ठा और अपमान का एहसास किसी राज्य को बनाए रखने के लिए जरूरी सामाजिक व्यवस्था और कानून हैं। अगर इनमें से एक भी हटा दिया जाए तो राज्य के लिए खतरा हो जाएगा। अगर ये चारों नहीं रहेंगे तो राज्य पूरी तरह नष्ट हो जाएगा।

इन चारों आयामों अथवा चार बुनियादी जीवन-मूल्यों की ठोस व्याख्या इस प्रकार है। "औचित्य" ऐसी कानूनी आचार-संहिता और नैतिक मानक है जिसका कोई समुदाय सामूहिक रूप से पालन करता है। "नेकी" का सीधा-साधा मतलब सचाई और न्याय है जो सदाचार का सिद्धान्त और सत्यनिष्ठा का आधार है।

गुआंक्सी में यह भी कहा गया है कि "नेकी" का मतलब विनम्रता से मना करना भी है। इसका मतलब है कि हमें अपनी निजी कामनाओं को संयमित कर दूसरों को ज्यादा अवसर देने चाहिए। "सत्यनिष्ठा" में न्याय, कभी भी भ्रष्ट न होने, फिजूलखर्ची नहीं करने, लालची नहीं होने, अपनी बुरी बातों को नहीं छिपाने और हमेशा न्यायपूर्ण तथा सीधा-सच्चा होने से है। "अपमान का एहसास" से मतलब है कि लोगों में अपनी प्रतिष्ठा बनाए रखने तथा बुराई को बर्दाश्त नहीं करने का भाव होना चाहिए।

"राज्य के चार आयाम होते हैं" का तात्पर्य है कि हर युग के अपने जीवन-मूल्य होते है। औचित्य, न्याय, सत्यनिष्ठा और प्रतिष्ठा ऐसे मूल्य हैं जो किसी भी युग में अपनाने योग्य हैं। और *"जब इन चारों आयामों को बनाए नहीं रखा जाता, तो राज्य का निश्चित रूप से पतन हो जाता है।"* सामाजिक नियमों का पालन, सच्चाई और न्याय के मार्ग पर चलना, प्रतिष्ठा का ध्यान रखना और अच्छे काम करना – किसी देश की समृद्धि और शक्ति बनाए रखने और शांतिपूर्ण समाज बनाने के मूलभूत उपाय हैं।

दो

कौन से सद्गुण अपनाएं ?

"बुक ऑफ राइट्स' (संस्कारों की पुस्तक) के ग्रेट लर्निंग (श्रेष्ठ सीख) अध्याय में कहा गया है कि ग्रेट लर्निंग हमें श्रेष्ठ गुणों को प्रदर्शित करना, लोगों में उत्साह भर देना और उत्कृष्टता हासिल करना सिखाती है।' सभी देशों और सभी कालों में शिक्षा और विद्यालयों को चलाने के संदर्भ में अगर देखें तो अनेक विचारधाराएँ, सिद्धान्त और दृष्टिकोण रहे हैं। लेकिन आम समझ यही रही है कि शिक्षण का निश्चित रूप से उद्देश्य सामाजिक विकास के लिए आवश्यक बातों का ज्ञान देना और प्रशिक्षण होना चाहिए। अगर स्पष्ट शब्दों में कहा जाए तो इसका उद्देश्य उन लोगों को समझाना और शिक्षित करना है जिनकी जरूरत सामाजिक विकास के कार्यों, ज्ञान और सांस्कृतिक विरासत को सँजो कर रखने, देश को निरंतर आगे बढ़ाने और इसके विभिन्न कार्य-कलापों को चलाए रखने के लिए है। इसलिए प्राचीन और आधुनिक, चीनी तथा विदेशी – सभी देश अपनी प्रतिभाओं को अपनी राजनीतिक आवश्यकताओं के अनुरूप प्रशिक्षित करते हैं। विश्व के सभी श्रेष्ठ विश्वविद्यालय अपने-अपने देशों के विकास की जरूरतें पूरी करने की प्रक्रिया के दौरान विकसित हुए हैं। हमारे देश की समाजवादी शिक्षा का उद्देश्य समाजवाद के निर्माताओं और उनकी अगली पीढ़ियों को प्रशिक्षित करना और उनका पोषण करना है।"

– शी जिनपिंग

यह उद्धरण पेकिंग विश्वविद्यालय के शिक्षकों और विद्यार्थियों के 2 मई 2018 को आयोजित किए गए सेमिनार में जनरल सेक्रेटरी शी जिनपिंग के भाषण से लिया गया है।

प्रोफेसर यांग यू के अनुसार –

"उत्तम शिक्षा हमें श्रेष्ठ गुणों को प्रदर्शित करना, लोगों में उत्साह भर देना और उत्कृष्टता हासिल करना सिखाती है" सूक्ति *"बुक ऑफ राइट्स"* अथवा "उच्च नैतिक चरित्र वाले व्यक्तियों" द्वारा आकांक्षित उच्चतम स्थिति की *"ग्रेट लर्निंग"* अध्याय से ली गई है। "श्रेष्ठ गुणों" का मतलब अच्छे, उज्ज्वल गुणों से है। "प्रदर्शित करने" से मतलब महत्वपूर्ण तरीके से प्रदर्शित करना है। "लोगों में उत्साह भर देने" का मतलब जनता के इन श्रेष्ठ, उज्ज्वल गुणों को बढ़ावा देना, अज्ञान दूर करना और लोगों की बुद्धिमत्ता बढ़ाना – और इस प्रकार नैतिक उत्थान की उस उच्चतम स्थिति तक पहुँचना है जिसे "उत्कृष्टता हासिल करना" कहा गया है।

झोउ युआन (340–278 ई.पू.) एक देशभक्त चीनी कवि थे जिन्हें एक बार देश में युवा प्रतिभाओं के विकास का काम सौंपा गया। उनके इस आधिकारिक पद के कार्य हमारे आज के शिक्षा मंत्रालय के कार्यों से मिलते-जुलते थे। क्या हम अक्सर शिक्षकों की तुलना मेहनती बाग़बानों से और विद्यार्थियों की बगिया के फूलों से नहीं करते? यह तुलना झोउ युआन ने शुरू की थी। एक बार वह जिन बच्चों को पढ़ा रहे थे, उन्होंने उनकी तुलना फूलों और घास – जैसे झोउ प्रांत में फलने-फूलने वाले ऑर्किड, अदरक और *एंजेलिका दहुरिका* से की – और अपनी तुलना विद्यार्थियों की देखभाल करने वाले एक परिश्रमी माली से की। उनकी प्रमुख आकांक्षा थी कि ये पौधे स्वस्थ और मजबूत हों और जब उनकी शाखाएं-पत्तियाँ अच्छी तरह पनपें तो वह उनकी फसल की देख-रेख करें ताकि वे देशहित के लिए काम करने वाले श्रेष्ठ प्रतिभाशाली नागरिक बनें। जब देश की सेवा करने वाले ऐसे सत्यनिष्ठ और योग्यता वाले लोग होंगे तो देश का भविष्य क्यों नहीं उज्ज्वल होगा?

झोउ दुनयी (1017–1073 ई.) उत्तरी सोंग वंश के दौर के नव-कन्फ्यूशियसवादी विद्वान थे। उनका कथन है, *"(कमल) कीचड़ में पैदा होते हुए भी गंदा नहीं होता, साफ पानी*

से धुला होता है पर मादक नहीं होता।" झोउ दुनयी ने अपने क्लासिकल उपन्यास *ऑन लव ऑफ दि लोटस* में नैतिक गुणों और व्यक्तित्व को विकसित करने का जो दर्शन दिया है, वह झोउ युआन के युवा प्रतिभाओं को विकसित करने के विचार से ही अपनाया गया है।

ये दो विवरण राष्ट्रीय स्तर पर शिक्षा और प्रतिभा के विकास से जुड़े हैं। इस मुद्दे को सामाजिक तथा व्यक्तिगत स्तर पर स्पष्ट करने के लिए, मैं एक और उदाहरण देता हूँ।

शू शी (1037–1101 ई.) जब बच्चे थे तो उनकी माँ लेडी चेंग उन्हें और उनके भाई को पढ़ना सिखाती थीं। एक दिन, लेडी चेंग पूर्वी हान वंश का इतिहास पढ़ रही थीं। अचानक उन्होंने गहरी सांसें लीं। शू शी उनके पास ही खड़े थे। उन्होंने अपनी माँ से पूछा कि अगर वह फान पैंग जैसा बनना चाहें तो क्या माँ को अच्छा लगेगा। लेडी चेंग ने किताब बंद करते हुए कहा, "अगर तुम फान पैंग जैसा बनने का निश्चय कर सकते हो तो मैं फान पैंग की माँ कैसे नहीं बनूँगी?"

बुक ऑफ दि लेटर हान (उत्तर-कालीन हान का ग्रन्थ) में वर्णित *फान पैंग की जीवनी* के अनुसार, वह हान के सम्राट लींग के काल के एक ईमानदार तथा सच्चे अधिकारी थे। राजनीतिक दृष्टि से, यह बड़ा ही भयावह काल था जब अनेक ईमानदार विद्वानों को अंधाधुंध मार डाला गया था। दूसरे लोगों को तकलीफ से बचाने के लिए फान पैंग ने निर्णय लिया कि वह स्वयं अधिकारियों का सामना करेंगे। अपनी माँ से विदा लेते समय उन्होंने कहा कि भले ही वह प्यारे बेटे नहीं हो पाए, लेकिन उनकी मृत्यु इतनी सार्थक होगी कि उन्हें इसका कोई पछतावा नहीं होगा। उन्हें इस बात का दुख था कि वह अपनी माँ की देखभाल नहीं कर पाएंगे। लेडी चेंग ने दृढ़ता से अपने पुत्र से कहा कि उसने जो राह चुनी है वह इतिहास के सम्मानित विद्वानों जैसी है। यह बहुत सम्मानित कार्य है और इसमें अगर उसकी मृत्यु भी हो जाए तो उन्हें कोई पछतावा नहीं होगा।

फान पैंग और उनकी माँ के बीच जो बातें हुईं, उससे हम शू शी और उनकी माँ के बीच हुई बातचीत का अंदाजा लगा सकते हैं। इससे एक बच्चे के तौर पर शू शी की आकांक्षाओं के साथ-साथ उनकी माँ के नैतिक साहस और बुद्धिमत्ता का भी पता चलता है।

इसलिए, *"उत्तम शिक्षा हमें श्रेष्ठ गुणों को प्रदर्शित करना, लोगों में उत्साह भर देना और*

उत्कृष्टता हासिल करना सिखाती है" सूक्ति से न केवल प्राचीन काल के श्रेष्ठ चरित्र के लोगों के उच्च विचारों का पता चलता है, बल्कि आज की शिक्षा और सामाजिक परम्पराओं के अनुरूप सज्जनों जैसी सत्यनिष्ठा और अपने व्यक्तित्व को श्रेष्ठ बनाने की आवश्यकता को भी बल मिलता है।

तीन

सद्‌गुणों का विकास कैसे करें?

"प्राचीन काल से ही चीन के लोग *'ज्ञान प्राप्त करने के लिए वस्तुओं की प्रकृति समझना, संजीदगी के साथ विचारों में सुधार करने, चरित्र-निर्माण, परिवार पर ध्यान देने, देश के सुशासन और धरती पर शांति कायम करने'* पर ज़ोर देते रहे हैं। जैसा कि आज हम देखते हैं, *'ज्ञान प्राप्त करने के लिए वस्तुओं की प्रकृति समझाना, संजीदगी के साथ विचारों में सुधार करना, चरित्र-निर्माण'* – ये गुण व्यक्ति के लिए हैं; *'परिवार पर ध्यान देने'* का गुण समाज के लिए है; *'देश का सुशासन और धरती पर शांति कायम करना'* – ये गुण देश के लिए हैं। हमने जिन बुनियादी समाजवादी जीवन-मूल्यों को प्रस्तुत किया है, वे देश, समाज और नागरिकों की समग्र जरूरतों के अनुरूप हैं। ये मूल्य समाजवाद की प्रकृति का प्रतिनिधित्व करते हैं और उत्कृष्ट परंपरागत चीनी संस्कृति को आगे बढ़ाते हैं, वैश्विक सभ्यता की श्रेष्ठतम परम्पराओं के अनुरूप हैं और समय की मूलभूत दृष्टि को प्रतिबिम्बित करते हैं।"

– शी जिनपिंग

यह उद्धरण पेकिंग विश्वविद्यालय के शिक्षकों और विद्यार्थियों के 4 मई 2014 को आयोजित सेमिनार में जनरल सेक्रेटरी शी जिनपिंग के भाषण से लिया गया है।

प्रोफेसर यांग यू के अनुसार –

पिछली सूक्ति – *"उत्तम शिक्षा हमें श्रेष्ठ गुणों को प्रदर्शित करना, लोगों में उत्साह भर देना और उत्कृष्टता हासिल करना सिखाती है"* की तरह ही इस अनुच्छेद का उद्धरण भी कन्फ्यूशियस की "ग्रेट लर्निंग" से लिया गया है। मूल पाठ तो काफी लंबा है लेकिन इस अनुच्छेद का उद्धरण बहुत संक्षिप्त है।

अगर *"उत्तम शिक्षा हमें श्रेष्ठ गुणों को प्रदर्शित करना, लोगों में उत्साह भर देना और उत्कृष्टता हासिल करना सिखाती है"* की सूक्ति नैतिक उत्थान के सर्वोत्तम स्तर और "उत्तम शिक्षा" के तीन बुनियादी मार्गदर्शक सिद्धान्तों के बारे में है, तो *"ज्ञान प्राप्त करने के लिए वस्तुओं की प्रकृति समझना, संजीदगी के साथ विचारों में सुधार करना, चरित्र-निर्माण, परिवार पर ध्यान देना, देश के सुशासन और धरती पर शांति कायम करना"* – ये कुल आठ विशिष्ट मार्ग तीन बुनियादी मार्गदर्शक सिद्धांतों को साकार रूप देने के लिए आवश्यक "आठ कारक" हैं।

हम देख सकते हैं कि "आठ कारकों" का पालन करना लंबी और जटिल प्रक्रिया है। इस बात को और स्पष्ट करने के लिए मैं उत्तरी सोंग वंश के प्रसिद्ध चांसलर फान ज़ोंझान (989–1052 ई.) का उदाहरण देना चाहूँगा। यिंगतियान इंस्टीट्यूट में अपने पाँच वर्ष के अध्ययन के दौरान, फान ज़ोंझान अपने सहपाठियों में सबसे मेहनती और मन लगा कर पढ़ने वाले विद्यार्थी थे। 27 वर्ष की उम्र में उन्होंने सरकारी अधिकारी बनने की सर्वोच्च राजसी परीक्षा पास कर ली। 1040 ई. के आसपास, जब फान ज़ोंझान पचास साल की उम्र पार कर चुके थे, उन्होंने एक खतरनाक अभियान में हिस्सेदारी की। यांगत्से नदी के दक्षिण के समृद्ध और सुंदर इलाके से उनका तबादला पश्चिमी सीमा के पास हो गया जहाँ मौसम बेहद ठंडा था और जीवन की परिस्थितियाँ कठिन थीं।

इस दौरान जब वह सीमा की रक्षा के लिए चिंगझोउ में तैनात थे, उन्होंने अपनी प्रसिद्ध कविता *यूजिया'ओ* लिखी। यह श्रेष्ठ कालजयी कविता मानी जाती है। इस कविता में उन्होंने आक्रामक शत्रु सेना का मुकाबला करने और अपने देश की सेवा करने की प्रबल इच्छा व्यक्त की है। वास्तव में, जब तक हम उनके गीत *"विश्व के कष्टों को झेलने के लिए सबसे आगे आओ, सुख भोगने में सबसे पीछे रहो"* को नहीं समझते जो उनकी कविता *"मेमोरियल टू यूएयांग टावर"* की मूल भावना है, तब तक हम *यूजिया'ओ* की

पंक्तियों *"ग्रे इस माइ हेयर, दि वारियर इन टीयर्स"* (मेरे केश श्वेत हो चले हैं, योद्धा की आँखें भर आई हैं) का मर्म नहीं समझ सकते। फान ज़ोंझान अपने भविष्य और किस्मत को लेकर हताशा में आँसू नहीं बहा रहे थे, वह तो उनके करुणामय हृदय से निकले आँसू थे जो इस धरती पर रह रहे आम लोगों की किस्मत की चिंता से जुड़े थे।

उत्तरी सोंग वंश के प्रसिद्ध चांसलर फान ज़ोंझान एक राजनीतिज्ञ, सैनिक कमांडर और लेखक थे। उनके निधन के बाद सम्राट रेनजोंग ने उन्हें "ड्यूक ऑफ वैनज़ेंग" की उपाधि प्रदान की।

"वैन" शब्द सोंग वंश में किसी विद्वान को दिया जाने वाला सर्वोच्च उपाधि के लिए था, जबकि *"ज़ेंग"* किसी व्यक्ति को उसके नैतिक उत्थान के लिए दिया जाने वाला सर्वोच्च सम्मान था। मुझे लगता है कि फान ज़ोंझान के जीवन के अनुभव हमें बताते हैं कि हम कैसे अपने ज्ञान को पूर्णता दें, अपने विचारों के प्रति ईमानदार रहें, अपने नैतिक गुणों का उत्थान करें, अपने परिवारों को संभालें, देश में सुशासन लाएँ और देश को शांत तथा प्रसन्न रखें। आज भी उनके जीवन-अनुभव लोगों के चरित्र के उत्थान और उनकी योग्यता बढ़ाने के लिए महत्वपूर्ण दिशा-निर्देश देते हैं।

प्रोफेसर आई सिलिन के अनुसार –

मैं नैतिक उत्थान के बारे में कुछ बातें कहना चाहता हूँ।

पहली बात, मेहनत से अध्ययन करें। चरित्र-निर्माण का यह बुनियादी तरीका है। लेकिन इसे कैसे हासिल किया जाए? हर व्यक्ति की अपनी समझ है। मेरी राय है कि हमें अपने आसपास के नैतिक आदर्शों से अवश्य सीखना चाहिए।

मैं श्रेष्ठ आचरण की प्रतीक माने जाने वाली एक महिला के बारे में बता रहा हूँ जिनसे जनरल सेक्रेटरी शी जिनपिंग दो बार मिल चुके हैं और उन्हें आदर से "आंटी" कहते हैं। वह जनरल गान जुचांग की विधवा गोंग चुआनज़ेन हैं। गान जुचांग चीन के पीपुल्स रिपब्लिक के संस्थापक जनरलों में एक थे। 1957 में गोंग चुआनज़ेन अपने पति के साथ ग्रामीण इलाके में लौटीं और किसान बन गईं। पिछले अनेक दशकों से उन्होंने अपने वेतन की कोई चिंता नहीं की और स्थानीय लोगों को क्रांतिकारी परम्पराओं, नैतिक

मूल्यों और आस्था बनाए रखने के बारे में व्याख्यान देती रहीं। वह बहुत किफायत से रहती हैं, अपने लिए नये वस्त्र बनाने को कभी तैयार नहीं होतीं, लेकिन अपनी आय का ज़्यादातर हिस्सा जरूरतमंद विद्यार्थियों की मदद के लिए खर्च करने को हमेशा तैयार रहती हैं। उनकी उम्र नब्बे साल से भी ज्यादा है लेकिन अब भी वह सामाजिक कार्यों और लोगों की मदद के बारे में सोचती हैं।

मेहनत से अध्ययन करने के लिए हमें निश्चित रूप से अपनी सुंदर पारंपरिक संस्कृति से सीखना होगा जो चीनी राष्ट्र का आधार है। हम इसे बिल्कुल नहीं छोड़ सकते, अन्यथा हम बिना आधार वाले राष्ट्र हो जाएँगे।

दूसरी बात, सही और गलत, भलाई और बुराई, सौन्दर्य और कुरूपता के बीच सही फर्क करें और सही विकल्प चुनें। जनरल सेक्रेटरी शी जिनपिंग ने कहा है कि युवाओं के पास बहुत विकल्प हैं। लेकिन युवाओं के लिए महत्वपूर्ण यह है कि जब वे विकल्प चुन रहे हों तो उन्हें सही वैश्विक दृष्टिकोण, जीवन के नजरिए तथा जीवन-मूल्यों की राह दिखाई जाए। जब वे वैश्विक दृष्टिकोण, जीवन का नजरिया तथा जीवन-मूल्यों का सही विकल्प चुन लेंगे तो सफलता की चाबी उनके हाथ में होगी।

तीसरी बात, ईमानदार और सच्चे बनें। नैतिक चरित्र-निर्माण महज बातों तक सीमित नहीं हो सकता, बल्कि इसे व्यवहार में अपनाना होता है। मेरा मानना है कि नैतिक उत्थान तो बचपन से ही प्रारंभ हो जाना चाहिए। जनरल सेक्रेटरी शी जिनपिंग ने कहा है कि "आम जन" की उनकी समझ उत्तरी शांग्सी में उनके अनुभव से बनी जब वह सोलह-सत्रह वर्ष के स्कूली छात्र थे और एक निर्माण टीम में काम कर रहे थे। इसलिए वह अक्सर कहते हैं कि युवाओं को अच्छा व्यवहार करना सीखना चाहिए, उन्हें प्रतिदिन यह सोचना चाहिए कि क्या मैं देशभक्त हूँ? क्या मैं सामूहिक (कलेक्टिव) जीवन को पसंद करता हूँ? क्या मैं घर में अपने माता-पिता को आदर और स्नेह देता हूँ? क्या मैं अपने सहपाठियों का ध्यान रखता हूँ? क्या मैं सार्वजनिक नैतिकता का पालन करता हूँ? ऐसी सोच का अभ्यास रोज़ाना करें। धीरे-धीरे रोज़ाना ऐसा अभ्यास करने से आपका श्रेष्ठ नैतिक चरित्र बन सकेगा।

चरित्र-निर्माण एक दिन में नहीं हो सकता। दिनों और महीनों के अभ्यास से चरित्र का निर्माण होता है। "मामूली से लगने वाले बुरे काम भी न करें, छोटे-छोटे से लगने वाले

अच्छे काम कभी न छोड़ें।"

क्यों? क्योंकि "अच्छे कामों को जमा करते रहने से व्यक्ति प्रसिद्ध होता है, जबकि बुरे काम जमा करते रहने से व्यक्ति का जीवन बर्बाद हो सकता है।" जनरल सेक्रेटरी शी जिनपिंग ने कई बार इन सूक्तियों के उदाहरण दिए हैं ताकि पार्टी के सदस्यों और कार्यकर्ताओं को आगाह किया जा सके कि वे ज्यादा से ज्यादा छोटे-छोटे अच्छे काम करें और छोटे-छोटे बुरे कामों से भी बचें। अच्छे गुणों के विकास के लिए धैर्य से निरंतर प्रयास आवश्यक हैं। कामरेड माओ ज़ेदोंग ने कहा था, "किसी के लिए भी कुछ अच्छे काम कर देना कठिन नहीं है। कठिन यह है कि जीवन भर अच्छे काम किए जाएँ और कभी कोई बुरा काम न किया जाए।" अगर हमें अच्छा चरित्रवान व्यक्ति बनना है तो हमें यह बात समझनी होगी कि चरित्र-निर्माण एक निरंतर चलने वाली प्रक्रिया है और यह हमेशा अभी से, और अपने आप से शुरू होती है।

भाग 4

परिवार देश का आधार हैं

1- घर-परिवार को बहुत महत्व दें

2- पारिवारिक शिक्षा को बहुत महत्व दें

3- पारिवारिक परम्पराओं को बहुत महत्व दें

国之本在家

भाग 4 के व्याख्याकार

प्रोफेसर झाओ दोंगमेई

पेकिंग विश्वविद्यालय

और

प्रोफेसर वांग चीया

सेंट्रल पार्टी स्कूल

एक

घर-परिवार को बहुत महत्व दें

"चीन राष्ट्र ने हमेशा घर-परिवार को बहुत महत्व दिया है। जैसा कि प्राचीन सूक्ति है, *'राज्य साम्राज्य के आधार होते हैं, परिवार राज्यों के आधार होते हैं।'* पारिवारिक सद्भाव से सभी प्रयासों में सफलता मिलती है। जैसे-जैसे चीन खुशहाल और मजबूत हो रहा है और राष्ट्रीय नव-जागरण के पथ पर आगे बढ़ रहा है, यह प्रगति उसके लाखों परिवारों की खुशी और एक अरब से ज्यादा लोगों के जीवन-स्तर में निरंतर सुधार में भी नज़र आ रही है। जब हर परिवार खुश होगा, तभी देश खुशहाल होगा और राष्ट्र प्रगति करेगा।"

– शी जिनपिंग

यह उद्धरण 2018 के वसंत उत्सव के अवसर पर जनरल सेक्रेटरी शी जिनपिंग द्वारा चीनी जनता के प्रति बधाई संदेश से लिया गया है।

प्रोफेसर झाओ दोंगमेई के अनुसार –

"राज्य साम्राज्य के आधार होते हैं, परिवार राज्यों के आधार होते हैं" सूक्ति मैन्सियस का कथन है। प्राचीन दार्शनिक मैन्सियस ने कहा था, *"लोगों के बीच यह आम कहावत है – साम्राज्य का आधार राज्य है, राज्य का आधार परिवार है और परिवार का आधार इसका प्रमुख व्यक्ति है।"* इसका तात्पर्य है कि साम्राज्य, राज्य और परिवार का आधार हर एक घर-परिवार में है और हर घर-परिवार का आधार प्रत्येक व्यक्ति में निहित है।

हर व्यक्ति को एक अच्छा व्यक्ति होने और अपने सबसे अच्छे रूप को प्रस्तुत करने का प्रयास करना चाहिए, तभी सब मिलकर एक सद्भावपूर्ण तथा प्रसन्न परिवार बना सकते हैं। जब घर-परिवार सद्भाव से भरे और खुश होंगे, तभी राज्य-सत्ता ठीक से चलाई जा सकेगी और देश में शांति रहेगी।

खुशियों भरा समाज बनाने का यह एक पूर्ण, व्यावहारिक कार्यक्रम है — विश्व, राज्य-सत्ता से लेकर घर-परिवार से व्यक्ति-विशेष तक। मुख्य महत्व व्यक्ति-विशेष का नहीं, घर-परिवार का है क्योंकि, हर व्यक्ति का व्यक्तित्व अपनी पारिवारिक शिक्षा, अथवा आत्म-संयम की पारिवारिक शिक्षा का ही तो परिणाम है।

यहाँ मैं एक प्राचीन कहानी कहना चाहता हूँ। हम सबने पानी की टंकी तोड़ देने वाले सिमा गुआंग का नाम जरूर सुना होगा। सोंग वंश के जमाने से आज तक यह कहानी सुनी-सुनाई जाती है कि कैसे नन्हें बहादुर सिमा गुआंग ने टंकी तोड़ कर अपने साथी का जीवन बचाया। लेकिन सिमा गुआंग के खुद के लिखे किसी विवरण में उनकी इस बहादुरी का कोई जिक्र नहीं है। उनके अपने विवरणों और स्मृति में, उनके बचपन का कौन-सा काम सबसे महत्वपूर्ण और प्रभावशाली था? यह एक हरे अखरोट से जुड़ी कहानी है।

सिमा गुआंग से उम्र में काफी बड़ी उनकी एक बहन थी। जब सिमा गुआंग पाँच-छह साल के थे और बहन के साथ खेल रहे थे तो वे एक अखरोट का बाहरी हरा छिलका निकालने की कोशिश कर रहे थे। हम जानते हैं कि यह काम कितना कठिन होता है। आधे दिन तक भाई-बहन इस काम में जुटे रहे लेकिन छिलका नहीं निकाल पाए। आखिर बहन निराश हो कर चली गई और दूसरा कोई काम करने लगी। लेकिन सिमा गुआंग उसी काम में लगे रहे। तभी एक बूढ़ा नौकर वहाँ आया। अनुभवी नौकर ने अखरोट को थोड़ी देर के लिए गरम पानी में भिगो कर रख दिया। फिर अखरोट का छिलका निकाल लिया। अखरोट सिमा गुआंग को खेलने के लिए देकर नौकर वहाँ से चला गया। जब सिमा गुआंग की बहन लौट कर आई तो उसने पूछा कि छिलका किसने निकाला। सिमा गुआंग ने अकड़ कर कहा कि उन्होंने ही छिलका निकाला।

यह बात सुनकर, उनके पिता की मुद्रा गंभीर हो गई और उन्होंने कहा, "मैं सारे समय तुम्हें देख रहा था। छोटे बच्चे, तुमने झूठ क्यों बोला?" बच्चों को झूठ नहीं बोलना

चाहिए, इस बारे में पिता की डाँट का सिमा गुआंग पर गहरा असर पड़ा।

अनेक वर्षों बाद, सिमा गुआंग ने एक पत्र में लिखा कि उसके बाद वह कभी झूठी शान नहीं बघार सके। सिमा गुआंग ने अपने पिता से झूठ न बोलने और ईमानदार रहने का पाठ सीखा। बड़े होने पर सिमा गुआंग के मन में "ईमानदार" शब्द की गहरी समझ बन गई। एक बार उन्होंने कहा कि ईमानदारी व्यक्ति के दिल की गहराइयों से आती है क्योंकि अगर आप ईमानदार हैं तो आपकी बात को दूसरे मानते हैं। ईमानदार होना और दूसरों के साथ सच्चाई का व्यवहार करना, अपनी भावनाएँ नहीं छिपाना, सत्य और सिद्धांतों पर डटे रहना – ये सिमा गुआंग के सामाजिक व्यवहार के आजीवन सिद्धान्त बन गए। उनके एक शिष्य ने विदा लेते समय, उनसे एक सिद्धान्त-वाक्य लिख कर देने का अनुरोध किया। सिमा गुआंग ने कुछ देर तक सोचा और फिर शिष्य से कहा कि अगर उसे वाकई सिद्धान्त-वाक्य चाहिए तो वह उसे "ईमानदार" शब्द देना चाहेंगे। शिष्य ने पूछा कि वह कैसे ईमानदार रह सकता है। सिमा गुआंग ने कहा कि वह कभी झूठ नहीं बोलने से शुरुआत कर सकता है। सिमा गुआंग ने जीवन भर इस गुण को अपनाया और उन्होंने वही किया, जिस बात का उपदेश दिया। इसी सुंदर संदेश का बीज उन्होंने अपने शिष्य के मन में भी रोप दिया। यह वही बीज था जो सिमा गुआंग के पिता ने उन्हें डाँट कर उनके मन में रोपा था।

अच्छे बीजों की तरह ही, अच्छी पारिवारिक परंपरा से अच्छे लोग पनपते हैं। जब ये लोग इस बीज को बड़े क्षेत्र में फैला कर ज्यादा से ज्यादा लोगों को प्रभावित करते हैं तो वे सब मिलकर एक ज्यादा सद्भावपूर्ण और सामाजिक माहौल बनाते हैं। इसी का तात्पर्य है कि *"साम्राज्य का आधार राज्य है, राज्य का आधार परिवार है और परिवार का आधार इसका प्रमुख व्यक्ति है।"*

प्रोफेसर वांग चीया के अनुसार –

जहाँ भी परिवार होता है, वहाँ पारिवारिक परंपरा होती है। परिवार में सद्भावना हो तो सभी कामों में खुशहाली आती है। जब हर परिवार खुश होता है तो राज्य खुश होता है, देश खुश होता है। पारिवारिक विकास को महत्व देते हुए जनरल सेक्रेटरी शी जिनपिंग ने दो बातों की चर्चा की है। पहली बात, परिवार का भविष्य और नियति देश और

राष्ट्र के भविष्य और नियति से जुड़े हैं। इसका तात्पर्य है कि हम केवल अपने छोटे-से परिवार के हित तक सीमित न रहें, बल्कि राज्य के बड़े परिवार के बारे में भी सोचें। अत्यंत प्राचीन काल से ही अनेक उदाहरण और आदर्श हैं जिनसे सीखा जा सकता है, उनका सम्मान किया जा सकता है। हमारे इतिहास में अनेक विद्वानों ने इस विचार को पुष्ट किया है कि "अगर परिवार ठीक से चल रहे हों तो देश भी ठीक से चलेगा। स्वयं के सुधार से ही नैतिक चरित्र का निर्माण होगा।" इन विद्वानों ने यह भी कहा है कि "परिणाम की चिंता किए बगैर, देश के हितों की रक्षा के लिए जीवन समर्पित कर देना चाहिए।" इन विद्वानों ने पूरे विवेक और गहनता के साथ व्यक्ति और परिवार की नियति को देश और राष्ट्र की नियति से घनिष्ठता से जोड़ कर देखा और हमारे लिए अनेक प्रेरक तथा मार्मिक कहानियां लिखीं।

क्रांतिकारी युद्ध के वर्षों में, जब चीन की भूमि बारूदी धुएँ से भरी थी और चारों ओर विनाश का तांडव हो रहा था, तो वीरता भरी ऐसी अनेक मार्मिक गाथाएँ सुनाई देती थीं कि कैसे "माताओं ने अपने पुत्रों को जापानी हमलावरों से लड़ने को प्रेरित किया और पत्नियों ने अपने पतियों को रणक्षेत्र में भेजा।" आम नागरिकों ने अपने सारे वस्त्र सैनिकों की पोशाकों के लिए अर्पित कर दिए, सेना के राशन के लिए अपने भोजन का आखिरी कौर तक दे डाला, घायल सैनिकों के स्ट्रेचरों के लिए अपने दरवाजों की चौखटें तक दे दीं और अपने आखिरी बेटे को भी युद्धक्षेत्र में भेज दिया। यह अपने घर, अपने देश की रक्षा के लिए देशभक्ति के जज्बे का शानदार प्रदर्शन था और हर जिंदा इंसान देश के प्रति अपना कर्तव्य निभा रहा था।

दूसरी बात, परिवार के प्रति सपनों को राष्ट्र के प्रति सपनों से जोड़ दो। चीनी राष्ट्र का सपना ऐसी अप्राप्य धारणा नहीं है कि उसका हमसे कोई वास्ता ही न हो; ऐसा लक्ष्य नहीं है कि हासिल ही न हो सके। यह कोई नकली मृगतृष्णा नहीं है। यह तो हमारे आसपास है, हम सबके दिलों में है। चीनी राष्ट्र के महान नव-निर्माण के बाद ही हर परिवार का हर सपना साकार हो सकता है। जब हर परिवार खुश होगा तो देश भी फलेगा-फूलेगा, तरक्की करेगा। इसलिए, अपने लाखों-करोड़ों परिवारों में, हम सजग रूप से अपने परिवार के प्रति प्रेम को देश के प्रति प्रेम से जोड़ें, अपनी पारिवारिक सपनों को चीन के नव-निर्माण के महान सपने से जोड़ें। हम सोचें और एक दिल, एक दिमाग से काम करें। चीन के 40 करोड़ परिवारों और 1-3 अरब लोगों का विवेक और उत्साह

एकजुट हो, इस एकता से ऐसी शानदार शक्ति पैदा हो जिससे हम अपने द्वि-शताब्दी लक्ष्यों को हासिल कर सकें और चीनी राष्ट्र का नव-निर्माण कर सकें।

टिप्पणी –

द्वि-शताब्दी लक्ष्य चीन की कम्युनिस्ट पार्टी की 18वीं राष्ट्रीय कांग्रेस में प्रस्तुत किए गए। 2021 में चीन की कम्युनिस्ट पार्टी की शताब्दी तक, चीन सभी क्षेत्रों में समुचित रूप से समृद्ध हो जाएगा। 2049 में नये चीन (पीपुल्स रिपब्लिक ऑफ चाइना – पीआरसी) की शताब्दी तक चीन एक समृद्ध, शक्तिशाली, लोकतान्त्रिक, सभ्य, सद्भावपूर्ण, समाजवादी, आधुनिक समाज बन जाएगा।

दो

पारिवारिक शिक्षा को बहुत महत्व दें

"प्राचीन काल के विद्वानों का कहना है, 'अगर आप अपने बेटे को प्यार करते हैं तो उसे सदाचार की शिक्षा दें,' और 'अगर आप अपने बेटे को गलत तरीके से प्यार करेंगे तो ऐसे प्यार से उसका नुकसान ही होगा।' हमारे बच्चे-बच्चियाँ परिवारों और देश का भविष्य और उम्मीद हैं। प्राचीन विद्वान जानते थे कि अगर पिता बच्चों का केवल पालन करते हैं पर उन्हें कुछ शिक्षा नहीं देते तो यह उनकी गलती है। इसलिए परिवारों को युवा पीढ़ी के शिक्षण की जिम्मेदारी लेनी चाहिए। अभिभावकों, खास तौर से माता-पिता का, उनके बच्चों पर बड़ा प्रभाव पड़ता है जो अक्सर उनके पूरे जीवन को प्रभावित करता है।"

– शी जिनपिंग

यह उद्धरण प्रथम राष्ट्रीय सभ्य परिवार प्रतियोगिता के विजेताओं के प्रतिनिधियों से 12 दिसंबर 2016 को हुई मुलाकात के दौरान जनरल सेक्रेटरी शी जिनपिंग के भाषण से लिया गया है।

प्रोफेसर झाओ दोंगमेई के अनुसार –

"अगर आप अपने बेटे को प्यार करते हैं तो उसे सदाचार की शिक्षा दें," – यह उक्ति कमेंटरी ऑफ जूयो (जूयो जुयान) से ली गई है। जबकि "अगर आप अपने बेटे को गलत तरीके से प्यार करेंगे तो ऐसे प्यार से उसका नुकसान ही होगा" उक्ति सरकार

में सहायता के लिए व्यापक दर्पण (*ज़िज़ी टोंगजियान*) से ली गई है।

हम जानते हैं कि *जूयो ज़ुयान* से *ज़िज़ी टोंगजियान* के बीच 1500 साल का अंतराल है। लेकिन दोनों उक्तियाँ एक ही बात को सकारात्मक अथवा नकारात्मक तरीके से बताती हैं कि हमें अपने बच्चों को कैसे प्यार करना चाहिए और माता-पिता का किस तरह का प्यार बच्चों की भलाई करता है। इन दोनों वाक्यों के पीछे दो मानवीय त्रासदियाँ छिपी हैं।

जूयो ज़ुयान में उल्लेख किया गया यह कथन – *"अगर आप अपने बेटे को प्यार करते हैं तो उसे सदाचार की शिक्षा दें,"* वसंत और शरद काल (स्प्रिंग एंड ऑटम पीरियड) 770–476 ई.पू. में वेई राज्य के ड्यूक ज़ुआंग के मंत्री शि चे का है। शि चे ने यह बात क्यों कही? क्योंकि उसने देखा कि ड्यूक ज़ुआंग अपने सबसे छोटे पुत्र जूयु को जिस तरह से लाड़-प्यार कर रहा है, वह नैतिक सिद्धांतों के विपरीत है। जूयु को सैनिक शान-शौकत और हथियारों के प्रदर्शन का शौक था इसलिए वह हमेशा भाले और डंडे लहराता रहता था और बड़ी संख्या में गुंडों से घिरा रहता था। कोई भी समझदार व्यक्ति यह देख कर समझ जाता कि जूयु बहुत अहंकारी हो जाएगा क्योंकि वह अपने पिता का लाड़ला भी था। इसलिए वह युवराज की स्थिति को अस्थिर करके वेई राज्य की राजनीतिक स्थिति को बिगाड़ सकता था। इसलिए साहसिक मंत्री शि चे ने ड्यूक ज़ुआंग को बताया, *"अगर आप अपने बेटे को प्यार करते हैं, तो उसे सदाचार की शिक्षा दें।"* उसने ड्यूक ज़ुआंग को यह भी साफ-साफ कह दिया कि अगर वह अपने बड़े पुत्र के स्थान पर सबसे छोटे पुत्र को युवराज बनाना चाहता है तो उसे जल्दी यह मामला सुलझा लेना चाहिए। अगर वह मामले को अनसुलझा छोड़ देगा तो राज्य का नुकसान और विनाश हो सकता है। लेकिन ड्यूक ज़ुआंग दब्बू प्रकृति का था। उसमें अपने सबसे बड़े पुत्र के स्थान पर सबसे छोटे पुत्र को युवराज बनाने की हिम्मत नहीं थी क्योंकि यह नियम-विरुद्ध होता। लेकिन वह लापरवाही के साथ छोटे बेटे को लाड़ करता रहा।

हम देख सकते हैं कि ड्यूक ज़ुआंग का अपने पुत्र के प्रति प्रेम दब्बू किस्म का था और वह जूयु के शक्ति-प्रदर्शन को बर्दाश्त करता रहा। नतीजा क्या हुआ? ड्यूक ज़ुआंग की मृत्यु के बाद युवराज गद्दी पर बैठा लेकिन जूयु ने उसे मरवा दिया। लेकिन क्या जूयु भी आराम से वेई राज्य का राजा रह सका? नहीं, उसे उसकी प्रजा ने ही मार डाला। उसके दोनों बेटों को अच्छी मौत नहीं मिली। इसका कारण ड्यूक ज़ुआंग का अपने

छोटे पुत्र को नैतिक सिद्धांतों के विपरीत लाड़ करना था।

लेकिन सोचने की बात यह भी है ड्यूक ज़ुआंग जैसा मूर्ख पिता इकलौता नहीं था। यहीं अगली उक्ति *"अगर आप अपने बेटे को गलत तरीके से प्यार करेंगे तो ऐसे प्यार से उसका नुकसान ही होगा"* का संदर्भ आता है। यह मूर्ख पिता कौन था? शी ह्वे सिक्सटीन स्टेट्स पीरियड (319–352 ई.) के दौरान परवर्ती जाओ वंश (304–439) का पाँचवाँ राजा था। उसका बड़ा पुत्र युवराज शी चेन था लेकिन राजा अपने छोटे बेटे शी ताओ को ज्यादा प्यार करता था। इसलिए उसने दोनों पुत्रों को बराबर अवसर देते हुए, राष्ट्रीय मामलों की उन्हें बारी-बारी से जिम्मेदारी देता रहा। उसने खुद सारी जिम्मेदारियाँ छोड़ दीं और आरामपसंद जिंदगी गुजारने लगा। इसकी इस नीति से उसके मंत्री शेन जोंग को बहुत चिंता हुई और उसने राजा को समझाया, *"अगर आप अपने बेटे को गलत तरीके से प्यार करेंगे तो ऐसे प्यार से उसका नुकसान ही होगा।'*

इसका तात्पर्य था कि अगर आप अपने बच्चों से लाड़ में नैतिक सिद्धांतों पर ध्यान नहीं देंगे तो ऐसे लाड़-प्यार से उनका ही नुकसान होगा। नतीजा यह हुआ कि शी चेन ने शी ताओ को मार डाला और फिर शी ह्वे ने शी चेन को मार डाला। मानवीय जीवन की इससे बड़ी त्रासदी और क्या हो सकती है कि बड़ा भाई छोटे भाई की, और फिर पिता अपने पुत्र की हत्या कर दे। माता-पिता के गलत तरीके के प्यार की वजह से ऐसी त्रासदियाँ बार-बार क्यों होती हैं? अपने बच्चों को लाड़ में मुँह लगाना आसान है लेकिन उन्हें *सदाचार की शिक्षा देना* कठिन है क्योंकि माता-पिता को यह समझना होगा कि सही क्या है और "सदाचार के तरीके" क्या हैं। फिर उन्हें विवेक के साथ विश्लेषण करना होगा और सीखने के प्रयास करने होंगे। माता-पिता को यह स्पष्ट होना चाहिए कि उनके बच्चों के लिए क्या अच्छा है ताकि वे ज्ञान हासिल कर सकें और अपने विवेक से सोच और समझ सकें कि *"अपने बच्चों को सदाचार की शिक्षा"* कैसे दी जाए और सही तरीके का प्यार कैसे दिया जा सके।

प्रोफेसर वांग चीया के अनुसार –

जनरल सेक्रेटरी शी जिनपिंग ने पारिवारिक शिक्षा के तीन पक्षों की चर्चा की है।

पहली बात, उन्होंने कहा है कि *"परिवार जीवन की पहली कक्षा है, जबकि माता-पिता बच्चों के प्रथम शिक्षक हैं।"* पारिवारिक शिक्षा से ही निर्धारित होता है कि बच्चों की कैसी देखभाल होती है। इसलिए, माता-पिता को अपने बच्चों को अच्छे नैतिक चरित्र और आदतों की सीख देनी चाहिए, दुनिया के बारे में सही दृष्टिकोण विकसित करने, जीवन के प्रति सही नजरिया और नैतिक मूल्यों का बोध पैदा करने के लिए सही राह दिखानी चाहिए क्योंकि बच्चे जब बोलना और चलना सीखते हैं तो उन्हें उनके माता-पिता शिक्षित और पोषित करते हैं। उनका अवचेतन मन माता-पिता को देखकर और उनकी बातें सुन कर प्रभावित होता है। *थ्री करैक्टर क्लासिक* में कहा गया है, *"जेड (एक कीमती पत्थर जिससे आभूषण बनते हैं) को जब तक तराशा नहीं जाता, तब तक उसका उपयोग नहीं किया जा सकता। जिस व्यक्ति ने शिक्षा न प्राप्त की हो, वह सदाचार को नहीं समझ सकता।"* परिवार में, माता-पिता को बच्चों के लिए उदाहरण और आदर्श प्रस्तुत करना चाहिए। उन्हें अपने उदाहरण और बातों से बच्चों को सिखाना चाहिए। जो उपदेश वे दें, उन बातों का खुद भी पालन करना चाहिए और अपने बच्चों को शिक्षित करना चाहिए। इस तरह बच्चों की कमीज़ में पहले बटन लगाने के साथ ही उन्हें बच्चों को जीवन में पहला सही कदम रखना सिखाना चाहिए।

दूसरा, माता-पिता को बच्चों को शिक्षित करने की जिम्मेदारी भी निभानी चाहिए। माता-पिता के रूप में, उन्हें अवश्य बच्चों को शिक्षित करना चाहिए। जैसा कि कहावत है, "बिना शिक्षित किए, खिलाना-पिलाना पिता की गलती है।" हमारी परंपरागत संस्कृति और चीन के पूरे इतिहास में, ऐसे अनेक उदाहरण हैं कि कैसे माता-पिता ने सख्ती से पारिवारिक शिक्षा दी। इस बारे में कहानियों से हम सुपरिचित हैं। "मैन्सियस की माँ ने अपने बेटे की बेहतर शिक्षा के लिए तीन बार घर बदला।" "ताओ कान की माँ ने उसके बेटे की भेजी मछली लौटा दी।" "यू फे की माँ ने उसकी पीठ पर 'अपने देश की पूरी वफादारी से सेवा करो' का गोदना गुदवा दिया।" "ऊयांग शिऊ की माँ ने उसे बाँस की कलम से रेत पर सुलेखन करना सिखाया।" ये सभी हमारे पूर्वजों द्वारा लगन से परिवार में ही शिक्षा देने के उदाहरण हैं। इसीलिए पुरानी कहावत है – *"जहाँ सख्त पिता होते हैं, वहाँ बेटा कर्तव्यपालन करने वाला होता है।"*

तीसरी बात, पारिवारिक शिक्षा के अनेक पक्ष होते हैं लेकिन सबसे महत्वपूर्ण पक्ष चरित्र-निर्माण का होता है। इसलिए, सभी माताओं-पिताओं को अपने बच्चों को अच्छे

चरित्र और सकारात्मक ऊर्जा की शिक्षा देनी चाहिए। श्रेष्ठ पारिवारिक परम्पराएँ एक पीढ़ी से दूसरी पीढ़ी तक ले जाई जाती हैं और चुपचाप भावी पीढ़ियों को सौंप दी जाती हैं।

तीन

पारिवारिक परम्पराओं को बहुत महत्व दें

"पारिवारिक परम्पराएँ सामाजिक आचार का महत्वपूर्ण हिस्सा हैं। परिवार मात्र वह जगह नहीं है जहाँ सिर्फ लोग रहते हैं, बल्कि यह वह जगह है जहाँ मन को शांति मिलती है। अच्छी पारिवारिक परंपरा से परिवार में समृद्धि और सद्भाव आते हैं, जबकि गलत पारिवारिक परंपरा से निश्चित रूप से भावी पीढ़ियों और समाज को नुकसान पहुँचता है। एक प्राचीन उक्ति है, *'जो परिवार अच्छाई जमा करता है, उसे निश्चित रूप से बेहद खुशियाँ मिलेंगी; और जो परिवार बुराई जमा करेगा, उसे निश्चित रूप से बेहद दुख झेलने होंगे।'* जुगे लियांग का अपने पुत्र को उपदेश देने वाला पत्र, मास्टर यान के घर को दिए गए निर्देश और जू बोलू का पारिवारिक सिद्धान्त-वाक्य – ये सभी किसी न किसी पारिवारिक परंपरा को बढ़ावा देते हैं। पुरानी पीढ़ी के सभी क्रांतिकारियों – जैसे माओ ज़ेदोंग, झोउ एनलाई और झू डे ने भी पारिवारिक परंपरा को बहुत महत्व दिया।"

– शी जिनपिंग

यह उद्धरण प्रथम राष्ट्रीय सभ्य परिवार प्रतियोगिता के विजेताओं के प्रतिनिधियों से 12 दिसंबर 2016 को हुई मुलाकात के दौरान जनरल सेक्रेटरी शी जिनपिंग के भाषण से लिया गया है।

प्रोफेसर झाओ दोंगमेई के अनुसार –

"जो परिवार अच्छाई का संचय करता है, उसे निश्चित रूप से बेहद खुशियाँ मिलेंगी; और जो परिवार बुराई का संचय करेगा, उसे निश्चित रूप से बेहद दुख झेलने होंगे।' यह उक्ति *"बुक ऑफ चेंजिस"* से ली गई है। इसका अर्थ समझना बहुत आसान है। जो परिवार प्रायः अच्छे काम करते रहते हैं, उन्हें निश्चित रूप से अच्छा भाग्य और खुशी मिलेगी, जबकि बुरे काम करने वाले परिवारों की निश्चित रूप से बरबादी होगी। यहाँ मुख्य शब्द *"संचय करना"* हैं। आज की भाषा में यह ऐसा गणनात्मक परिवर्तन है, जिससे गुणात्मक परिवर्तन हासिल होता है।

"बेहद खुशियाँ" वास्तव में क्या हैं? हमें इस सवाल पर गहराई से सोचना होगा। व्यापक अर्थ में, परिवार राज्य के लिए महान योग्यताओं वाले व्यक्तियों का पालन-पोषण करते हैं। जबकि सामान्य परिवारों में *"बेहद खुशियाँ"* आने से पारिवारिक सद्भाव बढ़ता है। इससे सुनिश्चित होता है कि बच्चे स्वस्थ रूप से पलते-बढ़ते हैं और बुजुर्गों को शांतिपूर्ण जीवन मिलता है। *"जो परिवार अच्छाई का संचय करता है, उसे निश्चित रूप से बेहद खुशियाँ मिलेंगी"* का यही तात्पर्य है। फिर *"बेहद दुख झेलने"* का क्या मतलब है? आम तौर पर इतिहास में अनेक त्रासदियाँ आई हैं। पिताओं की और राजाओं की हत्याएँ, पारिवारिक जनों के बीच झगड़े, पिता और पुत्र के बीच दुश्मनी, घर में भाइयों की लड़ाइयों और परिवारों के टूटने की समस्याएँ आती हैं। जब परिवारों की छोटी-छोटी समस्याएँ जमा हो जाती हैं तो परिवार का हर सदस्य अप्रसन्न हो जाता है और उनका जीवन दुख भरा हो जाता है। हम सब जानते हैं कि जीवन कितना बहुमूल्य है। परिवार की शिक्षा हालांकि अवचेतन में रहती है, लेकिन यह हर व्यक्ति के जीवन को सबसे बुनियादी और ठोस तैयारी देती है। श्रेष्ठ विचारों वाले ईमानदार, उदार माता-पिता प्रगति करने के इच्छुक बच्चों का पालन-पोषण करते हैं। लालची, आलसी और उल्टे-सीधे तरीकों से काम करने वाले माता-पिता ही अपने बच्चों के विवेकशून्य होने के जिम्मेदार होते हैं। पारिवारिक परंपरा का निश्चय ही बहुत महत्व है।

भाग 5

घास सूर्य की उदार ऊष्मा की कीमत कभी नहीं चुका सकती

报得三春晖

1- बुजुर्गों का आदर करें और अपने माता-पिता को प्यार करें

2- बड़े-बुजुर्गों का सम्मान करें

भाग 5 के व्याख्याकार

प्रोफेसर यांग यू
ज़ोंगनान विश्वविद्यालय

और

प्रोफेसर वांग चीया
सेंट्रल पार्टी स्कूल

एक

बुजुर्गों का आदर करें और अपने माता-पिता को प्यार करें

"प्राचीन काल से ही चीनी राष्ट्र ने परिवार और परिवारजनों के बीच प्रेम को बहुत महत्व दिया है। 'परिवार में सद्भाव से सभी कामों में खुशहाली आती है', 'परिवारजनों के पुनर्मिलन की प्रसन्नता', 'बुजुर्गों का आदर करो और युवाओं को प्यार करो', 'कर्तव्यनिष्ठ पत्नी और वात्सल्यमयी माताएँ', 'अपने पतियों की मदद करें और बच्चों का पालन-पोषण करें', 'घर का काम मेहनत और किफायत से चलाएँ' – ये सारी उक्तियाँ चीन के लोगों की इस प्रवृत्ति को दर्शाती हैं। *'वात्सल्यमयी माँ के हाथ का धागा, जो दूर जा रहे पुत्र के लिए गाउन का है, जिस गाउन की एक-एक सिलाई बेटे के जाने से पहले पूरी कर दी गई है क्योंकि आशंका है कि बेटे की वापसी में देर लगे। घास सूर्य की उदार ऊष्मा की कीमत कभी नहीं चुका सकती।'* तांग वंश के कवि मैंग ज़ियाओ की कविता *'सोंग ऑफ ए रोमर'* का यह अंश चीनी लोगों के गहन पारिवारिक जुड़ाव को बड़ी स्पष्टता से व्यक्त करता है।"

– शी जिनपिंग

यह उद्धरण वर्ष 2015 में वसंतोत्सव की बधाई पार्टी में चीन के लोगों को जनरल सेक्रेटरी शी जिनपिंग के बधाई संदेश से लिया गया है।

प्रोफेसर यांग यू के अनुसार –

"सोंग ऑफ ए रोमर" मध्यवर्ती तांग वंश के प्रसिद्ध कवि मैंग ज़ियाओ की कविता है। प्रतिभाशाली होते हुए भी वह सरकारी सेवा की इंपीरियल परीक्षा में अपनी आधी जिंदगी तक सफल नहीं हो सके। 46 वर्ष की उम्र में ही वह मेट्रोपोलिटन स्तर की परीक्षा पास कर सके और उन्होंने *जिनशी* डिग्री हासिल की। हम जानते हैं कि तांग वंश में *जिनशी* डिग्री पाने वाला हर व्यक्ति तुरंत सरकारी अधिकारी नहीं बन पाता था। ऐसे लोगों को न्यायालय के कार्मिक विभाग द्वारा आयोजित परीक्षा पास करनी होती थी। इसके अलावा यह भी जरूरी होता था कि कोई रिक्त पद उपलब्ध हो और *जिनशी* डिग्री प्राप्त व्यक्ति की किसी गणमान्य व्यक्ति ने सिफारिश की हो।

46 वर्ष की उम्र में *जिनशी* डिग्री मिलने के बाद भी मैंग ज़ियाओ को सरकारी नौकरी पाने का मौका अगले चार साल तक नहीं मिला। आखिरकार, 50 साल की उम्र में उन्हें लियांग काउंटी में सरकारी नौकरी मिली। हालांकि यह नौकरी बहुत संतोषजनक नहीं थी, फिर भी मैंग ज़ियाओ के पास अब टिक कर जीवन बिताने के लिए रोज़ी-रोटी की व्यवस्था हो गई थी। हालांकि अब भी उनका वेतन मुश्किल से परिवार पालने जितना ही था। इसलिए, वह सबसे पहला काम यह करना चाहते थे कि घर जाकर अपनी माँ को लियांग ले आएँ और उनकी देखभाल कर सकें। माँ से लंबी जुदाई के बाद उन्होंने *"सोंग ऑफ ए रोमर"* कविता लिखी। आखिरकार, वह अपनी माँ को अपने पास ला पाए और फिर वह वर्षों तक उनके साथ रहीं।

मुझे विश्वास है कि वह भले ही कितने ही वर्षों तक अपनी माँ से कितनी ही दूर रहे हों, जब भी उन्होंने अपनी माँ के सिले वस्त्र पहने होंगे और जब भी सोचा होगा कि उनकी माँ घर पर उनका इंतजार कर रही हैं, उनका मन हल्का हुआ होगा। लंबे प्रवास पर जा रहे पुत्र के लिए वस्त्र सिलना जहाँ हर माँ के प्यार की सरल अभिव्यक्ति है, वहीं माँ के प्यार के प्रति पुत्र की गहन अनुभूतियों और माँ के प्यार का बदला दे पाने के उसके मनोभावों की अभिव्यक्ति कहीं अधिक कठिन और बहुमूल्य होती है। इसलिए, मेरी दृष्टि में इस कविता का मर्म पहली दो पंक्तियों में नहीं, बल्कि इन दो अंतिम पंक्तियों में है, *"घास सूर्य की उदार ऊष्मा की कीमत कभी नहीं चुका सकती।"*

मुझे लगता है, मैंग ज़ियाओ के लिए इस कविता में *"कीमत चुकाने"* का भाव ज्यादा बहुमूल्य रहा होगा। वह मेट्रोपोलिटन स्तर की इंपीरियल परीक्षा में 46 साल की उम्र तक फेल होते रहे और 50 वर्ष की उम्र में ही उन्हें कोई नौकरी मिल पाई जिसके बाद ही वह लंबे समय तक माँ को अपने साथ रख पाए। मुझे लगता है कि इस पूरे दौर में अगर उन्हें माँ का लगातार सहारा और प्रोत्साहन नहीं मिला होता तो वह हिम्मत हार चुके होते। इसलिए, मेरी राय में अंतिम दो पंक्तियों में मैंग ज़ियाओ की अपनी माँ के प्रति अंतरात्मा की आवाज ध्वनित होती है। किसी माँ के लिए यह महत्वपूर्ण नहीं है कि उसके बेटे का पद कितना बड़ा है और वह कितना कमाता है। माँ के लिए बेटे का साथ ज्यादा बड़ी बात है। इसलिए, माँ के लिए यह महत्वपूर्ण नहीं है कि उसके बच्चे कैसे अपनी कृतज्ञता दिखाते हैं, बल्कि महत्वपूर्ण यह है कि क्या वे कृतज्ञता व्यक्त करना चाहते हैं।

प्रोफेसर वांग चीया के अनुसार –

कन्फ्यूशियसवाद की संस्कृति में, माता-पिता को सम्मान देने में केवल उनकी भौतिक जरूरतों को पूरा करना ही काफी नहीं है। इसलिए, कन्फ्यूशियस का कथन है, "आजकल माता-पिता के प्रति निष्ठा का अर्थ केवल उनका लालन-पालन ही समझ लिया जाता है। लेकिन यह तो हर व्यक्ति अपने घोड़ों और कुत्तों के लिए भी करता है। फर्क क्या है?" इसका तात्पर्य है कि माता-पिता की मात्र भौतिक जरूरतों को पूरा कर देना उनके प्रति बहुत तुच्छ सम्मान है। इसीलिए जेंगजी का कथन है, "माता-पिता के प्रति निष्ठा के तीन स्तर हैं। सबसे ऊंचा स्तर है – उनका सम्मान करना; दूसरा है – उनका कभी अपमान न करना; और सबसे निचला स्तर है – उनकी देखभाल करना।" अपने माता-पिता के साथ कैसा व्यवहार करें, इस बारे में हमारे पुरखों की सोच भी हमारी जैसी थी। माता-पिता के सम्मान के अनेक तरीके हैं, इसलिए एक जैसे ही तरीके का होना और उसे अपनाना असंभव है।

दो

बड़े-बुजुर्गों का सम्मान करें

चीनी राष्ट्र के अनेक पारंपरिक जीवन-मूल्य हैं, जैसे – अपने से उम्र में बड़ों का सम्मान करें और छोटों को प्यार करें; घर में पत्नी सद्गुणी हो और पति अपने बाहर के कामों पर ध्यान दे सके; माँ स्नेहशील हो और बेटा माता-पिता का आदर करे; बड़े भाई का व्यवहार दोस्ताना हो और छोटा भाई उसकी इज्जत करे; पढ़ाई के साथ-साथ खेती-बड़ी का काम भी करें ताकि परिवार की विरासत को संभाल सकें; घर की व्यवस्था मेहनत और किफायत से चलाएँ; सुशिक्षित हों और सही निर्णय ले सकें; कानून और अनुशासन का पालन करें; घर में सद्भाव होने से हर काम में खुशहाली आती है। ये सद्गुण चीन के लोगों के मन और तन में रचे-बसे हैं जो उन्हें महत्वपूर्ण नैतिक शक्ति देते हैं और चीनी राष्ट्र के निरंतर विकास में सहायक होते हैं। ये पारिवारिक सभ्यता के निर्माण के लिए बौद्धिक सम्पदा के मूल्यवान स्रोत हैं।

– शी जिनपिंग

यह उद्धरण जनरल सेक्रेटरी शी जिनपिंग के 12 दिसंबर 2016 को प्रथम राष्ट्रीय सभ्य परिवार प्रतियोगिता के विजेताओं के प्रतिनिधियों से मुलाकात के अवसर पर दिए गए भाषण से लिया गया है।

प्रोफेसर वांग चीया के अनुसार –

अपने से बड़ों का आदर करना चीनी राष्ट्र का एक श्रेष्ठ पारंपरिक गुण है। "युद्धरत राज्य काल – वारिंग स्टेटस पीरियड" (475–221 ई.पू.) के दौरान मैन्सियस ने कहा था, "अगर लोग अपने माता-पिता को प्यार करें और अपने बड़ों का आदर करें तो विश्व में शांति हो जाएगी।" इस कथन से स्पष्ट होता है कि दो हजार साल पहले मैन्सियस ने यह बात समझ ली थी कि बड़े-बुजुर्गों का आदर करना न केवल एक परिवार का मुद्दा है, बल्कि हर परिवार और समाज के हर व्यक्ति से जुड़ा मुद्दा है।

निश्चय ही, एक ओर तो बड़े-बुजुर्गों को इज्जत देना सामाजिक जिम्मेदारी है और इसके लिए सारी व्यवस्था, नर्सिंग सुविधाएँ और सामाजिक व्यवहार इतने अच्छे होने चाहिए कि बड़े-बुजुर्गों का अच्छी तरह ध्यान रखा जा सके। दूसरी ओर, यह हम सब की जिम्मेदारी है कि हम अपने से जुड़े हर बुजुर्ग व्यक्ति का ध्यान रखें। अपने से जुड़े हर बुज़ुर्ग का ध्यान रखने के विचार से तीन तरीके के बुज़ुर्ग जुड़े हैं।

पहले तरीके के बुज़ुर्ग हमारे माता-पिता, दादा-दादी, नाना-नानी और हम से रक्त-संबंधों से जुड़े हैं।

दूसरे तरीके के हमारे आसपास के बुज़ुर्ग हैं – जैसे हमारे पास-पड़ोस अथवा हमारे समुदाय में रहने वाले बुजुर्ग, जिन्हें हमारी मदद की जरूरत होती है।

तीसरे तरीके के ऐसे अजनबी बुज़ुर्ग हैं जिनसे हम सीधे तरीके जुड़े नहीं हैं। उदाहरण के लिए, बसों, भूमिगत ट्रेनों में मिलने वाले, अथवा सड़क पार करते समय या नर्सिंग होम में हमारी मदद चाहने वाले बुजुर्ग हैं।

अगर हम अपने आसपास के हर बुज़ुर्ग व्यक्ति के प्रति वैसा ही व्यवहार कर सकें जैसा कि *विद्यार्थी नियम* में बताया गया है कि "सबसे प्यार करो और उदारजनों के करीब हों"; और जैसा कि मैन्सियस ने भी कहा है कि, "अपने माता-पिता से प्यार करो और बुजुर्गों की इज्जत करो"; तो हमारा समाज उदारता तथा प्रेम से भर जाएगा।

इस प्रसंग से एक कहानी याद आती है जिसका मुझ पर गहरा असर पड़ा। इस कहानी के मुख्य पात्र प्रसिद्ध विद्वान और लेखक ली मी हैं। ली मी 'तीन साम्राज्य काल – थ्री किंगडम पीरियड' (224–287 ई.) में शू हान राज्य में अधिकारी थे। शू हान राज्य के

समाप्त होने के बाद पश्चिमी चिन राज्य के राजा वू (सीमा यान) ने ली मी की प्रतिभा और सद्गुणों के बारे में सुना और उन्हें अपने दरबार में काम करने का आदेश दिया। ली मी ने यह प्रस्ताव अस्वीकार कर दिया। आखिर उन्होंने एक सम्राट का प्रस्ताव अस्वीकार क्यों किया? उन्होंने अपनी प्रसिद्ध रचना – *अपनी भावनाएँ व्यक्त करते हुए सम्राट को निवेदन* (मेमोरियल टु दि एम्परर एक्सप्रेसिंग माइ फीलिंग्स) में इसके कारण स्पष्ट किए हैं। इस रचना ने इतिहास में उनका नाम अमर कर दिया। ली मी के बचपन में ही उनके पिता की मृत्यु हो गई थी। उनकी माँ ने दूसरी शादी कर ली इसलिए उन्हें उनकी दादी लेडी लू ने पाला। हम जानते हैं कि थ्री किंगडम पीरियड में वेई और चिन वंशों के शासन के दौरान समाज में बड़ी अव्यवस्था थी। इसलिए हम समझ सकते हैं कि उस समय किसी बूढ़ी विधवा के लिए एक छोटे बच्चे का पालन-पोषण कितना कठिन रहा होगा। जब ली मी ने *अपनी भावनाएँ व्यक्त करते हुए सम्राट को निवेदन* में लिखा कि उस समय उनकी दादी 96 साल की थीं, जबकि वह केवल 44 साल के थे। इसलिए उन्होंने सम्राट वू को लिखा कि उनके पास तो सम्राट की सेवा करने के लिए बहुत साल हैं लेकिन अपनी दादी के साथ बिताने को बहुत कम समय है। "महाराज, मेरे पास आपकी सेवा करने को बहुत दिन हैं, लेकिन दादी का ऋण चुकाने को बहुत कम दिन बचे हैं। अपने परिजनों के प्रति मेरा जो कर्तव्य है, उसे देखते हुए मैं अपनी दादी की मृत्यु होने तक उनकी सेवा करने की अनुमति मांगता हूँ।"

फिर उन्होंने अपने दिल की बात कही, "अगर मेरी दादी ने मेरा ध्यान नहीं रखा होता तो आज मैं जीवित नहीं होता। अब मेरे बिना उसके लिए अपनी बाकी जिंदगी जी पाना कठिन होगा।" कौवे का बच्चा भी बड़ा होने पर अपनी बूढ़ी माँ को खिलाना जानता है। तब इंसान कैसे अपने परिजनों को छोड़ सकता है?

अपनी भावनाएँ व्यक्त करते हुए सम्राट को निवेदन बड़ी भावपूर्ण रचना है। कहते हैं कि जब चिन साम्राज्य के सम्राट वू ने इसे पढ़ा तो वह ली मी की दादी के प्रति कर्तव्य निभाने की भावना से इतने भाव-विह्वल हुए कि उन्होंने ली मी पर सरकारी पद स्वीकार करने का दबाव नहीं डाला और लेडी लू की देखभाल के लिए दो नौकरानियों की भी व्यवस्था कर दी। उन्होंने स्थानीय अधिकारियों को भी लेडी लू को कुछ सरकारी मदद दिए जाने का निर्देश दिया।

ली मी द्वारा *अपनी भावनाएँ व्यक्त करते हुए सम्राट को निवेदन* लिखे जाने के करीब

एक साल बाद उनकी दादी की मृत्यु हो गई। वह अपनी दादी के लिए तीन साल तक शोक में रहे। इसके बाद ही, वह सम्राट का आदेश स्वीकार करने को तैयार हुए और उन्हें युवराज का सचिव नियुक्त किया गया। *अपनी भावनाएँ व्यक्त करते हुए सम्राट को निवेदन* को परिवारजनों के प्रति आदर के साथ कर्तव्य-पालन और बड़े-बुजुर्गों को सम्मान देने की सार्वकालिक महान रचना माना जाता है जो पीढ़ी-दर-पीढ़ी पहुँचने वाला अनुपम ग्रन्थ है।

ली मी के परिवारजनों के प्रति कर्तव्य-पालन के इस प्रसंग से मुझे बड़े-बुजुर्गों के प्रति सम्मान का एक और प्रसंग याद आता है। यह एक ऐसे व्यक्ति के बारे में है जो अपनी माँ के लिए पके चावल के बर्तन में लगी पपड़ी संभाल कर रखता था। चेन यी नाम के इस व्यक्ति की माँ का एक खास शौक था। वह पके चावल की पपड़ी बहुत पसंद करती थीं। इसलिए जब भी चेन यी किसी सरकारी काम से कहीं जाता था तो चावल की पपड़ी को एक पोटली में अपनी माँ के लिए रख लेता था ताकि उसके घर लौटने पर माँ उसे खा सके। बाद में, एक लुटेरे सुन एन ने तख़्तापलट कर दिया। तब तक चेन यी ने कई *डाउ* (अनाज मापने की इकाई, जो करीब दस लीटर के बराबर होती थी) चावल की पपड़ी पोटली में जमा कर ली थी। अपनी माँ के लिए इसे ले जाने से पहले ही उसे मोर्चे पर लड़ने जाना पड़ा। वे लोग हार गए। सिपाही भाग कर पहाड़ों में छिप गए। उनमें से कई भूख से मर गए। लेकिन चेन यी के पास चावल की पपड़ी थी, इसलिए वह बच गया। सभी ने कहा कि माँ के प्रति प्रेम का यह उसे सर्वोत्तम उपहार मिला।

यह कहानी *"ए न्यू अकाउंट ऑफ दि टेल्स ऑफ दि वर्ल्ड"* में संग्रहीत है। इससे पता चलता है कि वेई और चीन वंशों के शासन में भी, जिनमें व्यक्तिगत स्वतन्त्रता को सबसे ज्यादा महत्व दिया जाता था, समाज में माता-पिता के प्रति सम्मान को अत्यंत प्रशंसनीय गुण माना जाता था।

हमें बड़े-बुजुर्गों का सम्मान करने की इस सच्ची भावना का प्रचार-प्रसार करना चाहिए, ताकि अच्छा सामाजिक माहौल बने और अच्छाई से अच्छाई फैले। इतिहास के हर दौर में ली मी और चेन यी जैसी अनेक कहानियाँ हैं। जब भी मैं दु फू की ये पंक्तियाँ पढ़ता हूँ – *"मुझे अपने बुजुर्ग पड़ोसी के साथ, बाँस की बाड़ के पास प्याला दर प्याला पीते हुए खुशी होती है"*, मैं गद्गद हो जाता हूँ कि कवि और उनके पड़ोसी कितने स्नेह

से साथ रहते थे। जब मैं पढ़ता हूँ, *"वे अपने पिता के घनिष्ठ मित्र से खुशी से मिलते हैं"*, मैं बच्चों के माता-पिता के प्रति आदर-भाव से गद्गद हो जाता हूँ। ऐसे बच्चे न केवल अपने माता-पिता से अच्छा व्यवहार करते हैं, बल्कि माता-पिता के मित्रों से भी आदरपूर्ण व्यवहार करते हैं। मैं इन पंक्तियों को भी पढ़ता हूँ, *"रास्ते चलते बच्चे मुझे नहीं जानते, पर मुस्कराते हुए पूछते हैं, 'श्रीमान, आप कहाँ से आ रहे हैं?'"* मैं बच्चों की बड़ों के प्रति ऐसी उदारता को मुस्करा कर स्वीकार करता हूँ।

"बुक ऑफ फिलियल पाइटी" में कहा गया है, *"स्वर्ग और पृथ्वी पर अलग-अलग प्रकृति के जितने प्राणी हैं, उनमें मनुष्य सबसे श्रेष्ठ है। मनुष्य का सर्वश्रेष्ठ कार्य बुजुर्ग परिजनों के प्रति आदर और कर्तव्यपरायणता है।"* इस शास्त्रीय भाषा का आम लोगों की बोली में अनुवाद करने की कोई जरूरत नहीं है। हम सभी इन बातों का अर्थ समझते हैं क्योंकि ये चीनी लोगों के बुजुर्गों का सम्मान करने के परंपरागत गुण को प्रकट करती हैं और यह गुण आज भी कायम है।

हम सभी को एक दिन बूढ़ा होना है, इसलिए हमें अपने आसपास के सभी बुजुर्गों के साथ अच्छा व्यवहार करना चाहिए।

भाग 6

विश्व सत्यनिष्ठा से परिपूर्ण हो

只留清气满乾坤

1- चरित्र-निर्माण क्या है?

2- चरित्र-निर्माण क्यों जरूरी है?

3- चरित्र-निर्माण कैसे हो?

भाग 6 के व्याख्याकार

प्रोफेसर वांग लीछुन
हेनान विश्वविद्यालय

तथा

प्रोफेसर गुओ जियानिंग
उप-निदेशक, रिसर्च सेंटर फॉर दि थ्योरेटिकल सिस्टम ऑफ सोशलिज़्म
विद चाइनीज़ करेक्ट्रीस्टिक्स, पेकिंग विश्वविद्यालय

एक

चरित्र-निर्माण क्या है?

"जैसा कि इस कविता में कहा गया है, *"बेर के फूल अपने सुंदर रंग की प्रशंसा की चिंता नहीं करते, वे तो पूरी दुनिया में अपनी भीनी खुशबू बिखेरना चाहते हैं।"* पार्टी के सदस्यों और अधिकारियों के पास अपने चरित्र-निर्माण के अनेक तरीके हैं। उनमें सबसे महत्वपूर्ण तो चीन की पारंपरिक संस्कृति से पूरी निष्ठा के साथ निरंतर पोषक तत्व लेते रहना है। हमें ईमानदारी से जनता से सीखना चाहिए और उन लोगों का हमेशा अनुसरण करना चाहिए जो सभी मामलों में हमसे बेहतर हैं, आत्म-अनुशासन बनाए रखने के उच्च मानदंडों का पालन करते हैं तथा बाह्य नियम-कायदों को स्वीकार करते हैं।"

– शी जिनपिंग

"हमें उन लोगों का हमेशा अनुसरण करना चाहिए जो सभी मामलों में हमसे बेहतर हैं।" यह उक्ति जनरल सेक्रेटरी शी जिनपिंग ने अनेक अवसरों पर दोहराई है।

प्रोफेसर वांग लीछुन के अनुसार –

जनरल शी जिनपिंग द्वारा कही गई इस उक्ति से हम निश्चित रूप से सुपरिचित होंगे। कन्फ्यूशियस ने *"ली रेन ऑफ दि एनालेक्ट्स ऑफ कन्फ्यूशियस"* अध्याय में कहा है, *"गुणवान व्यक्ति को देखकर हमें उनकी बराबरी करने के बारे में सोचना चाहिए, जबकि इसके विपरीत चरित्र के व्यक्ति को देख कर हमें अंतर्मुख हो जाना चाहिए और*

आत्म-परीक्षण करना चाहिए।"

यही चरित्र-निर्माण का मर्म है। यह इस बात पर बल देता है कि चरित्र-निर्माण का महत्वपूर्ण मानदंड सद्गुणी व्यक्तियों का अनुगमन करना है। लेकिन अगर हम ऐसे व्यक्ति को देखें जो सद्गुण-सम्पन्न नहीं है तो हमें क्या करना चाहिए? हमें आत्म-परीक्षण करना चाहिए कि क्या हम भी उसी के जैसे तो नहीं हैं। इसलिए, जब हम किसी भले व्यक्ति को देखें तो हमें उसके जैसा होने के बारे में सोचना चाहिए। जब हम किसी और को देखें जो इतना भला नहीं है तो हमें अपनी कमजोरियों के बारे में सोचना चाहिए। चरित्र-निर्माण का यह बहुत महत्वपूर्ण संदर्भ-बिन्दु है। इस बिन्दु को स्पष्ट करने के लिए मैं एक उदाहरण देता हूँ।

यह घटना रूनिन (जिसे अब हेनान प्रांत की रूनान काउंटी कहा जाता है) में मिंग वंश के सम्राट जियाजिंग के शासन में घटी। इस प्रांत की भौगोलिक स्थिति बहुत महत्वपूर्ण है जो एक विशेष क्षेत्रीय संचार संपर्क केंद्र है। वहाँ आधिकारिक कार्मिक मामलों के मंत्रालय में वांग रुक्सुए नाम के एक अधिकारी को रूनिन का प्रशासक नियुक्त किया गया। उनकी नियुक्ति से जनता बहुत खुश हुई और उन्होंने इसे एकदम सही नियुक्ति माना। लेकिन कुछ लोगों को यह चिंता हुई कि राज दरबार के नियम के अनुसार योग्य अधिकारियों की पदोन्नति हो जाती थी, जबकि अयोग्य अधिकारियों को निचले पद पर डाल दिया जाता था। वांग रुक्सुए योग्य अधिकारी थे, इसलिए उनकी पदोन्नति और फिर इस काउंटी से तबादला निश्चित था। तब हे तांग नाम के विद्वान ने एक लेख में लिखा कि लोगों को इस बारे में चिंता नहीं करनी चाहिए। जब तक बराबर योग्यता वाले अधिकारी हैं, हम कैसे कह सकते हैं कि नया प्रशासक वांग रुक्सुए से कम योग्य होगा? इसलिए, उसके बाद रूनिन के लोगों ने चिंता छोड़ दी और जनता के कल्याण के लिए आने वाले हर नये प्रशासक का स्वागत करने लगे।

यह एक सुपरिचित, साधारण कहानी है जो बताती है कि *"जब हम योग्य व्यक्तियों को देखें तो अपने आप को उनके बराबर योग्य बनाने के बारे में सोचें।"* इस धारणा ने लोगों को बहुत प्रभावित किया।

प्रोफेसर गुओ जियानिंग के अनुसार –

चरित्र-निर्माण क्या है? जनरल सेक्रेटरी शी जिनपिंग ने इस पर इतना ज़ोर क्यों दिया है? हमें अपने चरित्र-निर्माण के प्रति इतना गंभीर क्यों होना चाहिए?

10 मार्च 2018 को, 13वीं राष्ट्रीय कांग्रेस में जनरल सेक्रेटरी शी जिनपिंग ने चोंगकिंग से आए एक प्रतिनिधि-मण्डल के साथ सामूहिक चर्चा में हिस्सा लिया। उन्होंने बताया कि राजनीतिक पारिस्थितिकी और प्राकृतिक पारिस्थितिकी समान होती हैं। दोनों ही जरा भी अज्ञान से प्रदूषित हो जाती हैं। इसके प्रदूषित हो जाने पर, अपनी गलतियाँ दूर करने की हमें बड़ी कीमत चुकानी पड़ सकती है। इस सिलसिले में मुझे वांग यांगमिंग की एक कविता याद आ रही है, *"हर व्यक्ति में एक अंतर्ज्ञान होता है और धरती के हर परिवर्तन मनुष्य के हृदय में निहित होते हैं।"* यहाँ "हृदय" का मतलब अंतरात्मा, अंतर्ज्ञान, नैतिक गुणवत्ता और चरित्र से है। पार्टी की भावना और इसके आदर्शों और संकल्पों को बनाए रखना आज के कम्युनिस्टों की वैचारिक मानसिकता और वैचारिक बुनियाद है। इनके बिना इच्छाशक्ति और आधार कमज़ोर हो जाएँगे। हम भ्रमित हो जाएँगे और अपनी अंतरात्मा को खो देंगे जिससे हममें अकादमिक कमजोरियाँ आ जाएँगी और हमारी सत्यनिष्ठा भी कमज़ोर पड़ेगी। हमें अपने व्यवहार में सबसे पहले सत्यनिष्ठा लानी होगी और इसे अपना सबसे आवश्यक गुण, अपने जीवन का पहला कदम बनाना होगा।

सख्ती से चरित्र-निर्माण हमारे लिए अनिवार्य सबक होना चाहिए ताकि हम पार्टी अनुशासन को बनाए रखने के लिए सम्पूर्ण प्रयास कर सकें। चीन की कम्युनिस्ट पार्टी की 18वीं राष्ट्रीय कांग्रेस के बाद से हमें इस मुद्दे पर अनेक नये विचार और तरीके मिले हैं जिनसे "बाघों" और "मक्खियों" – दोनों को नियंत्रण में रखा जा सके। इसका मतलब है किसी भी पद के भ्रष्ट अधिकारियों को न्याय के शिकंजे के अंदर लाया जा सके।

इस नीति के तहत सभी क्षेत्र, सेक्टर और विभाग आ जाते हैं। पार्टी भ्रष्टाचार को बिलकुल बर्दाश्त नहीं कर रही है, इस दिशा में सभी प्रयास कर रही है तथा जगह-जगह निरीक्षण समूह भेज रही है। इस लक्ष्य की प्राप्ति के लिए, हमें सबसे पहले अपना चरित्र-निर्माण करना है। यह अत्यंत महत्वपूर्ण है। अपने चरित्र का निर्माण एक अनिवार्य सबक ही नहीं है, बल्कि पहला विषय है जिसे हमें ठीक तरीके से पढ़ना है।

सख्ती से अपने चरित्र का निर्माण मूलभूत समाजवादी जीवन-मूल्यों को अपनाने और

आगे बढ़ाने से भी जुड़ा है। अपने चरित्र-निर्माण को अपने व्यवहार का पहला कार्य बनाएँ। हमें समाजवादी मूलभूत जीवन-मूल्यों को अपनाना है जो सभी को समाहित करने वाला ऐसा आदर्श है जिसमें समाज की सामूहिक समझ और सामाजिक व्यवहार – दोनों ही निहित हैं।

दो

चरित्र-निर्माण क्यों जरूरी है?

"अच्छा अधिकारी होने के लिए पार्टी के संविधान और पार्टी के सदस्यों के लिए आवश्यक नियमों का पूरी तरह पालन करना आवश्यक है। इसमें 'दूसरों के प्रति उदार और अपने प्रति सख्त होना' निहित है। पार्टी सदस्यों को हमेशा उचित व्यवहार करना चाहिए, आत्म-निरीक्षण करते रहना चाहिए, हमेशा सावधान रहना चाहिए और अपने आप को उत्साहित रखना चाहिए (ताकि चकाचौंध सांसारिक प्रलोभनों से बचा जा सके।)"

– शी जिनपिंग

यह उद्धरण 28 जून 2013 को राष्ट्रीय संगठन कार्य सम्मेलन में जनरल सेक्रेटरी शी जिनपिंग के भाषण से लिया गया है।

प्रोफेसर वांग लीछुन के अनुसार –

"दूसरों के प्रति उदार और अपने प्रति सख्त होना।" यह उक्ति *"बुक ऑफ डॉक्यूमेंट्स (शैंग शू)"* से ली गई है। इसका मतलब अपनी गलतियों के प्रति निर्मम और दूसरों के प्रति उदार होना है। इस नैतिक गुण को अपनाने वाले व्यक्ति के लिए सख्त अथवा उदार – दोनों ही होना काफी कठिन है। इस बात को सिद्ध करने के लिए मैं एक ऐतिहासिक कथा सुना रहा हूँ। यह प्रसंग *"हिस्ट्री ऑफ दि सोंग"* के *"बायोग्राफी ऑफ लू मैंगज़ेंग"* से ली गई है। लू मैंगज़ेंग सोंग वंश के दौरान एक वरिष्ठ और विख्यात

अधिकारी थे। वह उप-प्रधानमंत्री के स्तर के थे। अपने कार्यकाल के पहले ही दिन उन्होंने एक अधिकारी को ज़ोर-ज़ोर से कहते सुना, "क्या यही आदमी उप-प्रधानमंत्री है?" लू मैंगज़ेंग ने उसकी बात साफ-साफ सुन ली लेकिन ऐसा दिखाया, जैसे उन्होंने सुना ही नहीं हो। वह ऐसे चलते रहे, जैसे कुछ हुआ ही नहीं हो। उनके साथ चल रहे बाकी लोगों को काफी गुस्सा आया कि कोई व्यक्ति उप-प्रधानमंत्री के बारे में ऐसे कैसे बोल सकता है। उन्होंने लू मैंगज़ेंग से आग्रह किया कि वह उस कर्मचारी का नाम बताएं। लू मैंगज़ेंग ने कहा कि वह ऐसा नहीं कर सकते क्योंकि ऐसा करने पर वह कभी उसके नाम को भुला नहीं सकेंगे। इसलिए उन्होंने अपने साथियों से कहा कि इस बारे में कुछ नहीं पूछें और बात यहीं खत्म होने दें। इस तरह बात खत्म हो गई।

लेकिन इस घटना की खबर दूर-दूर तक फैल गई और अनेक लोगों को उनकी उदारता का पता चला। तभी यह घटना *"बायोग्राफी ऑफ लू मैंगज़ेंग"* में भी दर्ज हो गई।

लेकिन लू मैंगज़ेंग अपने बारे में बहुत सख्त थे। उप-प्रधानमंत्री बनने के बाद उनके पास बहुत अधिकार आ गए। एक अधिकारी उन्हें खुश करना चाहता था। वह उनके लिए पीतल का एक दर्पण लाया। उसने बताया कि यह बेशकीमती है और इससे तीन सौ किलोमीटर दूर तक की वस्तुएँ देखी जा सकती हैं और लू मैंगज़ेंग को इसे उपहार में दे कर उसे खुशी होगी। लू मैंगज़ेंग ने कहा कि उनका चेहरा तो प्लेट जैसा सपाट है। इसलिए उन्हें तीन सौ किलोमीटर दूर देखने की क्या जरूरत है? उन्होंने यह उपहार लेने से मना कर दिया।

इन दोनों घटनाओं में लू की दूसरों के प्रति उदार और स्वयं के प्रति सख्त होने की प्रवृत्ति का पता चलता है। लू के जीवन की ये मामूली घटनाएँ हैं लेकिन इन्हें उनकी जीवनी में शामिल किया गया। हम देख सकते हैं कि दूसरों को माफ कर देना और खुद के प्रति सख्त बने रहना चरित्र-निर्माण के लिए बहुत श्रेष्ठ गुण है।

प्रोफेसर गुओ जियानिंग के अनुसार –

क्या उदार-हृदय होने से व्यक्ति अपने सिद्धांतों से विचलित हो जाता है? अथवा क्या सभी से अच्छे संबंध रखना सिद्धांतों की कीमत पर ही हो सकता है? मेरी राय में, ये

दोनों बातें अलग-अलग हैं। अपने प्रति सख्त और दूसरों के प्रति उदार होने का मतलब यह नहीं होता कि हम सिद्धांतों पर नहीं चलते अथवा हम अच्छाई-बुराई के बीच कोई सीमा-रेखा नहीं खींचते। हमें सिद्धांतों और पार्टी की भावना के अनुरूप चलना चाहिए और कहीं न कहीं स्पष्ट सीमा-रेखाएँ डालनी चाहिए। व्यवहार में, हमें अपने प्रति सख्त और दूसरों के प्रति उदार होना चाहिए और सिद्धान्त तथा पार्टी भावना के अनुरूप चलना चाहिए। ऐसा करके ही हम अपने कर्तव्यों को ठीक से निभा सकते हैं।

तीन

चरित्र-निर्माण कैसे हो?

"युवाओं को हमेशा ध्यान रखना चाहिए कि *"सही राह पर चलना पहाड़ पर चढ़ने जैसा है, जबकि बुराई की राह पर चलना पहाड़ से गिरने जैसा है।"* व्यक्ति को हमेशा आशावादी और ईमानदार होना चाहिए तथा स्वस्थ जीवन-शैली अपनानी चाहिए।"

– शी जिनपिंग

यह उद्धरण जनरल सेक्रेटरी शी जिनपिंग के 4 मई 2013 को पेकिंग विश्वविद्यालय में शिक्षकों और विद्यार्थियों के सेमिनार में भाषण से लिया गया है।

प्रोफेसर वांग लीछुन के अनुसार –

"सही राह पर चलना पहाड़ पर चढ़ने जैसा है, जबकि बुराई की राह पर चलना पहाड़ से गिरने जैसा है" उक्ति *"डिस्कोर्सेज ऑफ दि स्टेट्स" (गुओ यू)* से ली गई है। यह रचना इतिहास में सुपरिचित है, मुहावरेदार भाषा में है और क्लासिकी है। इसमें इस बात पर बल दिया गया है कि भला काम करना कठिन है परंतु बुरा काम करना आसान है। अपने को सुधारना कठिन है परंतु बिगाड़ना आसान है।

इसे स्पष्ट करने के लिए मैं एक ऐतिहासिक कहानी बताता हूँ। *बुक ऑफ जिन* में एक व्यक्ति झोउ चू के बारे में बताया गया है। एक बार झोउ चू ने अपने गाँव के लोगों से पूछा कि कई साल तक बढ़िया फसल होने के बावजूद वे दुखी क्यों हैं। गाँव वालों ने

कहा कि लगातार अच्छी फसल होने के बावजूद वे तीन तरह के प्राणियों की वजह से दुखी हैं। एक तो पहाड़ में बाघ है, दूसरा नदी में ड्रैगन है, और तीसरे तुम हो, मनुष्यों की दुनिया में झोउ चू। जब तक इन तीन प्राणियों को नष्ट नहीं किया जाता, तब तक दुनिया में शांति नहीं होगी। यह सुन कर झोउ चू ने कहा, ठीक है, मैं तीनों प्राणियों को नष्ट करता हूँ। वह पहाड़ पर गया और उसने बाघ को मार डाला। वह नदी में गया और ड्रैगन से लड़ने लगा। वह नदी की धारा के साथ कई किलोमीटर तक तैरता रहा। वह तीन दिन, तीन रात तक ड्रैगन से लड़ता रहा, जब तक कि वह लोगों की नज़रों से ओझल नहीं हो गया। स्थानीय लोगों ने सोचा कि वह मर गया। इसलिए वे खुशियाँ मनाते हुए ढोल और घंटे बजाने लगे और पटाखे छोड़ने लगे। लेकिन तीन दिन बाद झोउ चू गाँव में वापस लौट आया। गाँव वालों को ढोल और घंटे बजाते देख उसने इसका कारण पूछा। लोगों ने बताया कि उन्होंने सोचा कि वह मर गया था, इसलिए वे खुशियाँ मनाते हुए पटाखे छोड़ रहे थे। तब झोउ चू को ठीक से पता चला कि वह भी तीन प्राणियों में से एक था। उसने सोचा कि बाघ और ड्रैगन को मार कर वह अब एक नई शुरुआत कर पाएगा।

इसके बाद वह दो सबसे ज्यादा प्रसिद्ध साहित्यकारों लू ची और लू युन से मिलने पश्चिमी चीन राज्य की राजधानी लुयांग गया। वे दोनों झोउ चू के गाँव डोंगवू के थे। लू ची तो नहीं मिला, पर लू युन से मुलाकात हो गई। झोउ चू ने कहा, "अब मैं परिपक्व हो गया हूँ। क्या मैं बेहतर इंसान हो सकता हूँ?" लू युन ने कहा, "क्या तुमने पुरानी कहावत नहीं सुनी – 'अगर मैं सुबह कुछ अच्छा सुनूँ तो क्या मैं शाम को संतुष्टि से मर सकता हूँ?' इसका मतलब है कि अगर आप सुबह कोई अच्छी उक्ति सुनें, तो शाम तक आप अपनी गलतियाँ सुधार सकते हैं। क्या इसका मतलब यह नहीं है कि तुम्हारे जीवन में एक नया मोड़ आ चुका है?" इसके बाद से झोउ चू ने अपनी राह सुधार ली और एक वफादार और वीर योद्धा बना। झोउ चू की कहानी से एक तथ्य का पता चलता है। सच्चे मार्ग का अनुसरण करना पहाड़ पर चढ़ने की तरह कठिन है। बुराई की राह पहाड़ से गिरने जैसा आसान है। लेकिन अगर हम अपनी कमियाँ दूर कर सकें तो हम अपने जीवन के लक्ष्य प्राप्त कर सकेंगे। चरित्र-निर्माण का प्राचीन सिद्धान्त अपने को संयमित रखने और सत्यनिष्ठा बनाए रखने का है। आज हम जिन बातों को प्रोत्साहन दे रहे हैं, वे हमारे श्रेष्ठ आदर्शों, संकल्पों, नैतिक भावनाओं और कम्युनिस्टों के अच्छे चरित्र के अनुरूप हैं। इन सब को अगर एकरूप कर के देखें तो ये नये युग की

परिभाषा और जरूरतों के अनुरूप हैं। हमें कड़े पार्टी अनुशासन के साथ चरित्र बेहतर बनाने के पूरे प्रयास करने चाहिए। अपने चरित्र को बेहतर बनाने के प्रयासों की कोई सीमा नहीं है। हमें अपने चरित्र के बारे में ऊंचे और कड़े मानदंड बनाने होंगे ताकि हम सत्यनिष्ठा बनाए रख सकें, सज्जन बनें और लोगों का भला कर सकें।

भाग 7

अभ्यास से ज्ञान प्राप्त होता है

绝知此事要躬行

1- कर्मठता को महत्व दें

2- शीघ्र कार्य करें

3- मेहनत से काम करें

भाग 7 के व्याख्याकार

प्रोफेसर माओ पेची
रेनमिन यूनिवर्सिटी ऑफ चाइना

और

प्रोफेसर आई सिलिन
सिंघुआ विश्वविद्यालय

एक

कर्मठता को महत्व दें

"कहावत है – 'सफलता आकांक्षा से जन्म लेती है और कड़े परिश्रम से ही अच्छा व्यापार हो पाता है।' हमारा देश अभी समाजवाद के प्रारम्भिक दौर में ही है और संभव है कि आगे भी लंबे समय तक इसी दौर में रहेगा। चीनी राष्ट्र के नव-निर्माण और चीन के सभी लोगों के लिए बेहतर जीवन के सपने को साकार करने के लिए अभी कड़ी मेहनत करनी है और लंबा सफर तय करना है। इसके लिए हम सभी को कड़ी मेहनत और बड़ा प्रयास निरंतर करते रहना है।"

– शी जिनपिंग

यह उद्धरण जनरल सेक्रेटरी शी जिनपिंग के 17 मार्च 2013 को 12वीं राष्ट्रीय कांग्रेस के पूर्ण अधिवेशन में दिए गए भाषण से लिया गया है।

प्रोफेसर माओ पेची के अनुसार –

"सफलता आकांक्षा से जन्म लेती है और कड़े परिश्रम से ही अच्छा व्यापार हो पाता है" – यह उक्ति *"बुक ऑफ डॉक्यूमेंट्स (शैंग शू)"* से ली गई है जो कन्फ्यूशियस के विचारों पर आधारित महत्वपूर्ण क्लासिक ग्रन्थ है जिसमें प्राचीन चीन का इतिहास दर्ज है।

यह उक्ति किन परिस्थितियों में कही गई? हम जानते हैं कि चीन में शीया, शेंग और झोउ राजवंश थे। झोउ वंश शेंग वंश को हटा कर आया। उसने हुवाई लोगों को नष्ट

कर दिया और फेंगई में राजधानी बनाई। झोउ वंश के राजा चांग ने अपने मंत्रियों और अधिकारियों को चेतावनी दी, "ए सदाचारी सज्जनो! मेरे पदाधिकारियो! अपने कार्यों पर गंभीरता से ध्यान दो।" इसका क्या मतलब है? इसका मतलब है कि सभी अधिकारियों को अपने कामों और दायित्वों को सावधानी से निभाना चाहिए। झोउ वंश के राजा चांग ने कहा, "मेरे उच्च मंत्रियो और अधिकारियो! मैं आपको चेतावनी देता हूँ कि बड़ी योग्यता पाने के लिए बड़ा उद्देश्य होना चाहिए। मेहनत कर के ही विरासत का विस्तार किया जा सकता है।" वह अपने अधिकारियों को यह समझाना चाहता था कि बड़ा योगदान करने के लिए उनकी बड़ी आकांक्षा होनी चाहिए। अगर वे कोई बड़ी उपलब्धि हासिल करना चाहते हैं तो उन्हें मेहनत के साथ पूरे प्रयास करने चाहिए।

इसलिए, आकांक्षा को हल्के में नहीं लेना चाहिए। किसी काम को लगातार पूरी लगन से करने के लिए ज़ोरदार और मेहनती प्रयास चाहिए। निरंतर प्रयास के बिना सफलता नहीं हासिल हो सकती।

प्रोफेसर आई सिलिन के अनुसार –

फिर ज्ञान कहाँ से आता है? अनुभव से। माओ ज़ेदोंग ने कहा था, *"सच्चा ज्ञान अभ्यास से आता है।"* जनरल सेक्रेटरी शी जिनपिंग अभ्यास पर बहुत ज़ोर देते हैं। वह इस बात पर ज़ोर देते हैं कि अभ्यास ही सिद्धांत का स्रोत है इसलिए वह जांच और अनुसंधान को बढ़ावा देते हैं। उन्होंने कहा है, *"जांच और अनुसंधान योजना के आधार हैं और प्रगति की राह दिखाते हैं। जांच और अनुसंधान के बिना किसी को फैसला करना तो दूर, बोलने का भी अधिकार नहीं है।"*

उदाहरण के लिए, गरीबी दूर करने की परियोजना के दौरान अपनी जांच से जनरल सेक्रेटरी शी ने प्रस्तावित किया कि सरकार को लक्षित प्रयास करने चाहिए। चीन की कम्युनिस्ट पार्टी की 18वीं राष्ट्रीय कांग्रेस के बाद जनरल सेक्रेटरी शी पूरब-पश्चिम, उत्तर-दक्षिण इलाकों में – लोएस (तेज हवा द्वारा उड़ाई गई धूल से पटे क्षेत्र) से लेकर बर्फीले पठारों तक – देश के गरीब इलाकों में गए। उन्होंने गरीब परिवारों की भोजन, वस्त्र, आवास और यात्रा संबंधी स्थितियों की जानकारी ली। अपनी जांच और

अनुसंधान के बाद ही उन्होंने गरीबी दूर करने के लिए लक्षित प्रयास का विचार दिया।

दूसरी बात यह है कि ज्ञान सही है या गलत, इसका पता भी अभ्यास और कार्य करने से ही चलता है। कोई सिद्धान्त, विचारधारा और समझ सही है या गलत, इसका मानदंड क्या है? कार्ल मार्क्स ने अपने लेख *थीसिस ऑन फेयरबाक़* में इस प्रश्न का स्पष्ट और निश्चित उत्तर दिया है कि किसी सिद्धान्त के सही या गलत होने का परीक्षण सामाजिक व्यवहार से ही हो सकता है। चीन की कम्युनिस्ट पार्टी की 18वीं राष्ट्रीय कांग्रेस के बाद से ही, जनरल सेक्रेटरी शी ने स्पष्ट रूप से बताया है कि हमारे सभी कार्यों को अभ्यास, हमारी जनता और इतिहास की कसौटी पर खरा उतरना चाहिए। किसी अधिकारी की योग्यता और प्रशासन चलाने का स्तर वास्तविक व्यवहार में नज़र आना चाहिए और जांचा जाना चाहिए।

तीसरी बात, कौशल और योग्यता लगातार "काम करते रहने" और अभ्यास से बढ़ती है। जब शी जिनपिंग ज़ेजियांग प्रांतीय पार्टी समिति के सेक्रेटरी थे, तब भी उन्होंने एक गहरे महत्व की बात की थी। पार्टी के रिजर्व कैडर के प्रशिक्षण के बारे में उन्होंने कहा था कि उन्हें बंद कमरों में प्रशिक्षण देने की बजाय कठिन परिस्थितियों और वातावरण वाले स्थानों पर भेजा जाना चाहिए ताकि वे तकलीफों से निखर कर नये व्यक्तित्व के साथ उभरें। लियांगजिहे गाँव में युवा शी जिनपिंग ने खाद ले जाने, खेत जोतने और बांध बनाने जैसे अनेक काम किए। गाँव के लोगों की नज़र में वह एक भले, मेहनती लड़के थे। बहुत कष्ट सहने के बावजूद, शी जिनपिंग ने उन दिनों को याद करते हुए कहा, "लियांगजिहे के अनुभव से मुझे बहुत लाभ हुआ।"

दो

शीघ्र कार्य करें

एक चीनी कहावत है, *"मिट्टी के एक-एक कण से पर्वत बनता है और बूंद-बूंद पानी से सागर बनता है।"* खुशी और सुनहरा भविष्य अपने आप नहीं आएंगे। साहस और निरंतर प्रयास करने वालों का ही सफलता वरण करती है। हमें खुलापन अपनाना है और हर स्थिति में सफलताएँ हासिल करनी हैं। हमें बहादुरी से बदलाव लाते हुए नये क्षितिज हासिल करने हैं और ऐसा समाज बनाना है जिसमें मानव जाति के लिए एक साझा भविष्य तथा एशिया और विश्व के लिए बेहतर कल सुनिश्चित हो।

– शी जिनपिंग

यह उद्धरण 10 अप्रैल 2018 को बो'आओ फोरम फॉर एशिया के वार्षिक सम्मेलन में जनरल सेक्रेटरी शी जिनपिंग के भाषण से लिया गया है।

प्रोफेसर माओ पेची के अनुसार –

"मिट्टी के एक-एक कण से पर्वत बनता है और बूंद-बूंद पानी से सागर बनता है" – यह उक्ति *शुंजी के दि एचीवमेंट्स ऑफ कन्फ्यूशियन्स* से ली गई है। इसका शाब्दिक अर्थ है कि पर्वत चाहे कितना भी ऊंचा हो, मिट्टी के कण-कण जुड़ने से ही बना है; और सागर कितना भी गहरा हो, पानी की बूंद-बूंद जमा होने से बनता है। सबसे पहले, यह उक्ति बताती है कि व्यक्ति चाहे महान हो या साधारण, वह निरंतर प्रयास से ही

महान लक्ष्यों को प्राप्त कर सकता है।

दूसरे, यह उक्ति हमें बताती है कि हम कार्यों को ठीक से शुरू करें और खत्म करें। अगर मिट्टी का कण-कण और पानी की बूंद-बूंद का जमा होना बीच में ही रुक जाए तो क्या पर्वत और सागर बन पाएंगे? उत्तर है, "नहीं।"

एक अन्य उक्ति है, जिससे हम सुपरिचित हैं। *स्ट्रैटेजीज ऑफ दि वारिंग स्टेट्स* में यह कथन है, "जैसा कि कविता में कहा गया है कि *"किसी यात्री द्वारा अपनी निर्धारित यात्रा का नब्बे प्रतिशत पूरा कर लेने पर भी कहा जाएगा कि अभी वह बीच रास्ते में ही है।"* इसका मतलब है कि यात्रा का आखिरी चरण सबसे कठिन होता है।"

बाद में तो यह कथन एक मुहावरा बन गया। अगर आपने 160 किलोमीटर की यात्रा में से 144 किलोमीटर भी तय कर लिए हैं तो भी यही कहा जाएगा कि आपने आधी यात्रा ही सम्पन्न की है क्योंकि अंतिम 16 किलोमीटर आपके लिए बेहद कठिन होंगे। लंबे समय तक चलते रहने के कठिन परिश्रम से आप काफी थक चुके होंगे। बेशक मंजिल आपके बहुत करीब होगी लेकिन आपकी चाल मंद पद जाएगी और हो सकता है कि अंत में आपके सारे प्रयास विफल हो जाएँ।

हम सभी *शुंजी* की इस उक्ति से सुपरिचित हैं, "*एक हजार छह सौ किलोमीटर की यात्रा में यात्रा का हर कदम जरूरी है। किसी सागर अथवा नदी के लिए हर जल-स्रोत और हर धारा का पानी जरूरी है। . . . लकड़ी पर नक्काशी का काम आधे में छोड़ देने से लकड़ी का कोई सड़ा टुकड़ा भी नहीं छिलेगा। लगातार मेहनत करने से धातु और पत्थर पर भी चित्र उकेरे जा सकेंगे।*" यह एक अद्भुत सूक्ति है। इसका तात्पर्य है कि कोई काम कितना भी कठिन हो, अगर आप सही राह पर निरंतर मेहनत करते रहेंगे तो अंततः लक्ष्य हासिल हो ही जाएगा। नदी और समुद्र बनाने के लिए बूंद-बूंद पानी चाहिए और पर्वत बनाने के लिए मिट्टी की हर अंजुरी चाहिए। अतः किसी भी बड़े कार्य के लिए शुरू से ही छोटे-छोटे प्रयास जरूरी हैं।

प्रोफेसर आई सिलिन के अनुसार –

काम करने का मतलब लापरवाही से काम करना नहीं है और अभ्यास का मतलब अंधे

हो कर अभ्यास करना नहीं है। हम अच्छा काम कैसे कर सकते हैं? कहावत है कि "एक बार खाने से कोई मोटा नहीं होता।" सिर्फ एक बार प्रयास करने से कुछ हासिल नहीं होता। सफल अभ्यास तो अंतिम पल तक चलते रहना चाहिए। इसलिए जनरल सेक्रेटरी शी ने कहा है कि हमें तेजी से आगे बढ़ने के उत्साह के साथ-साथ निरंतर काम करते रहने की दृढ़ता भी चाहिए। अपनी बात को स्पष्ट करने के लिए वह अक्सर बताते हैं कि शांशी प्रांत की योउयू काउंटी के लोगों ने रेत के फैलाव पर कैसे नियंत्रण किया।

शांशी प्रांत की योउयू काउंटी माओवुसु (मू ऊस) रेगिस्तान में स्थित है। यह एक रेतीली हवा के प्राकृतिक प्रवाह वाला उजाड़ इलाका है। नये चीन के निर्माण के बाद इस काउंटी की पार्टी कमेटी के पहले जनरल सेक्रेटरी ने रेत का फैलाव रोकने के लिए लोगों को पेड़ लगाने को प्रेरित किया और उनका नेतृत्व किया। उनके बाद की पीढ़ियों के सभी लोगों ने यह परियोजना जारी रखी और धीरे-धीरे यह रेगिस्तान हरा-भरा नखलिस्तान बन गया।

जनरल सेक्रेटरी शी ने इस प्रसंग के जरिए अधिकारियों को बताया कि उनकी सोच ऐसी होनी चाहिए कि सफलता एक अधिकारी के ही कार्यकाल में मिलना जरूरी नहीं है। कोई भी यथार्थपरक, वैज्ञानिक, विवेकपूर्ण और जन-भावनाओं के अनुरूप कार्यक्रम किसी बदल दौड़ (रिले रेस) की तरह निरंतर चलता रहता है।

दूसरी महत्वपूर्ण बात यह है कि हमें जनता पर यकीन करना चाहिए। मुझे विश्वास है कि सभी ने यह कहावत सुनी होगी, *"एक अकेला व्यक्ति बहुत तेज भाग सकता है, लेकिन लोगों का समूह ज्यादा दूर तक तेजी से भाग सकता है।"*

अभ्यास व्यक्तिगत नहीं, सामूहिक और सामाजिक कार्य है। कोई अकेला व्यक्ति बहुत महत्वपूर्ण उपलब्धि नहीं हासिल कर सकता। इसीलिए जनरल सेक्रेटरी शी ने इस बात पर बल दिया कि हमारे कार्यकर्ताओं और अधिकारियों को अपनी प्रशासनिक क्षमता बढ़ानी चाहिए। हमें समाधान कहाँ से मिलेगा? 1984 में जब शी जिनपिंग जेंगलिंग काउंटी में पार्टी कमेटी के सेक्रेटरी थे, उन्होंने काउंटी पार्टी कमेटी, पीपुल्स कांग्रेस, सरकार और चाइनीज़ पीपुल्स पोलिटिकल कन्सल्टेटिव कान्फ्रेंस (सीपीपीसीसी) को एक पत्र लिखा। उन्होंने कहा कि अधिकारियों को अपने आवासों और कार्यालयों से काम करने के तरीके बदलने चाहिए और आम लोगों के बीच जा कर काम करना चाहिए।

उन्हें ज़मीनी अनुसंधान और जांच करनी चाहिए, आम लोगों को अपना शिक्षक मानना चाहिए और बहते पानी के स्रोत की जानकारी भी जनता से ही लेनी चाहिए। शी जिनपिंग का कहना था कि स्थानीय अधिकारियों को हर साल का एक-तिहाई समय ज़मीनी इकाइयों में जाकर जांच और अनुसंधान में लगाना चाहिए। वह स्वयं भी अपनी काउंटी के सभी गांवों में गए। उनके सही मुद्दे उठाने और सावधानी से सही तरीके अपनाने से स्थानीय अर्थव्यवस्था और समाज में तेजी से प्रगति हुई।

तीसरी महत्वपूर्ण बात है, मेहनत से काम करें। कठिन परिश्रम हमारे चीनी राष्ट्र का प्रतीक है। पुरानी कहावत भी है, *"मेहनत से महानता मिलती है और आलस से पिछड़ापन मिलता है।"*

2018 में अंतरराष्ट्रीय मजदूर दिवस से पहले जनरल सेक्रेटरी शी ने चाइना यूनिवर्सिटी ऑफ लेबर रिलेशन्स के आदर्श श्रमिकों की कक्षा के विद्यार्थियों को एक पत्र लिखा। अपने पत्र में उन्होंने लिखा कि श्रम महानतम, सर्वाधिक गरिमामय, भव्य और सुंदर प्रयास है।

तीन

मेहनत से काम करें

चीनी राष्ट्र का महान स्वरूप प्राप्त करना अत्यंत भव्य और कठिन परिश्रम का कार्य है जिसके लिए चीनी जन-समुदाय की कई पीढ़ियों के निरंतर संयुक्त प्रयासों की आवश्यकता है। इसीलिए कहा गया है, *"केवल बातें बनाने से देश का नुकसान होता है, जबकि ठोस काम से देश समृद्ध होता है।"* हमारी पीढ़ी के कम्युनिस्टों को इस उद्देश्य को लेकर आगे बढ़ना है। हमें अतीत की विरासत संभालते हुए भविष्य में प्रवेश करना है और पूरे देश में सभी राष्ट्रीयताओं के लोगों को एकजुट करते हुए अपनी पार्टी को मजबूत बनाना है। हमें अपने देश और राष्ट्र का अच्छी तरह विकास करना है और चीनी राष्ट्र के नवजागरण के महान कार्य के ऐतिहासिक लक्ष्य की ओर आगे बढ़ते जाना है।

– शी जिनपिंग

यह उद्धरण जनरल सेक्रेटरी शी जिनपिंग के 29 नवंबर 2012 को *दि रोड टू रिजुवेनेशन* प्रदर्शनी में दिए गए भाषण से लिया गया है।

प्रोफेसर माओ पेची के अनुसार –

"केवल बातें बनाने से देश का नुकसान होता है, जबकि ठोस काम से देश समृद्ध होता है" – यह उक्ति बाई गु यानवू की *रिकॉर्ड्स ऑफ नॉलेज गेन्ड डेली* से ली गई है। गु यानवू मिंग और प्रारम्भिक चिंग वंश के दौरान जाने-माने विचारक थे। मूल उक्ति इस

प्रकार है, "पुराने जमाने में लाओत्से और जियांगत्से के बारे में महज बातें बनाई जाती थीं, अब कन्फ्यूशियस और मेन्सियस के बारे में बातें बनाई जाती हैं . . . आम लोगों के लिए बेहतर प्रशासन के उद्देश्य से अपने व्यक्तित्व का स्वयं विकास करने के व्यावहारिक ज्ञान की बजाय, किसी व्यक्ति की विशेषताओं को समझने के लिए जब अधिकारी खोखली बातों पर भरोसा करने लगते हैं तो उनका राज्य के मामलों को सुलझाने की तरफ कोई रुझान नहीं होता और इस तरह उन्होंने सरकारी काम की अनदेखी की है। सेना में युद्ध लड़ने का उत्साह नहीं है। इसलिए राजधानी के बाहर सभी इलाकों में अराजकता छाई है। पवित्र भूमि पर कबाइलियों ने हमला कर दिया और शाही शासन का तख्ता पलट दिया गया। देश बर्बाद हो गया है।"

"पुराने जमाने में लाओत्से और जियांगत्से के बारे में महज बातें बनाई जाती थीं" – यह कथन वेई, चिन और दक्षिणी तथा उत्तरी वंशों (220–589 ई.) के दौर में की जाने वाली खोखली बातों के बारे में है। तब अधिकारी लाओत्से और जियांगत्से नव-ताओवाद के बारे में बातें करते थे। इन बातों का यथार्थ परिस्थितियों और देश की अर्थव्यवस्था और लोगों की रोज़ी-रोटी से कुछ भी लेना-देना नहीं होता था।

"अब कन्फ्यूशियस और मेन्सियस के बारे में बातें बनाई जाती हैं" – यह कथन सोंग और मिंग वंशों के दौरान पनपे नव-कन्फ्यूशियसवाद के बारे में कहा गया। सोंग वंश के बाद, कुछ नव-कन्फ्यूशियसवादी विद्वानों ने प्रकृति के अध्ययन, जीवन की नियति, सत्य की तलाश में लोगों के हृदय की गहराइयों में जाने, देश चलाने से जुड़े प्रश्नों के समाधान ढूंढ़ने जैसे विषयों पर चर्चाएँ कीं। उन्होंने वास्तविक शिक्षा छोड़ दी और अपने आप एक तरीके के आध्यात्मिक चिंतक बन गए। इसका परिणाम क्या हुआ? मंत्रियों और अधिकारियों ने देश से जुड़े मुद्दों के प्रति अपनी-अपनी जिम्मेदारियाँ निभानी छोड़ दीं। वे कोई व्यावहारिक कार्य करने की बजाय कन्फ्यूशियस और मेन्सियस के बारे में खोखली बातें करते रहते थे। कर्मचारियों ने भी अपने काम छोड़ दिए। इसलिए, सरकारी कामकाज की अनदेखी हुई जिसके परिणामस्वरूप राज्य का ही नाश हो गया।

यह कथन गु यानवू का है जो परवर्ती मिंग और प्रारम्भिक चिंग वंशों के दौर के थे। उन्होंने मिंग वंश का दुखद विनाश देखा था जिसके बाद उन्होंने मिंग शासन के पतन के कारणों के बारे में सोचना शुरू किया। उनका निष्कर्ष यही था कि उस समय देश में सब लोग बेकार की बातों में लगे रहते थे। इसलिए, यह एक स्थायी पाठ है

कि महज खोखली बातों से देश खतरे में पड़ जाता है। व्यावहारिक कार्य से ही देश फलता-फूलता है, जबकि खोखली बातों से देश बर्बाद हो जाता है।

प्रोफेसर आई सिलिन के अनुसार –

निश्चय ही, कर्मठता के बिना, सारी बातें बेकार हैं और कल्पनालोक की ओर ले जाती हैं। मेहनत से काम करने की आवश्यकता पर बल देते हुए, मैं जनरल सेक्रेटरी शी जिनपिंग के तीन कथनों को प्रस्तुत करना चाहूँगा।

पहली बात – *"समाजवाद कड़े परिश्रम से ही हासिल होता है।"* समाजवाद मानवीय इतिहास का एक अभूतपूर्व लक्ष्य है। हम इसे न किसी पुस्तक से हासिल कर सकते हैं, न सैद्धांतिक तर्क से इसे प्राप्त कर सकते हैं, बल्कि कड़े परिश्रम से ही इस उद्देश्य को पा सकते हैं। 1950 के दशक की एक फिल्म, *दि यंग पीपुल इन अवर विलेज* के गीतों का रूपांतर है, *"चेरी स्वादिष्ट हैं, लेकिन इसका पेड़ लगाना कठिन है। कड़े परिश्रम के बिना चेरी के फूल नहीं खिलेंगे। खुशी आसमान से नहीं आती। समाजवाद केवल इंतजार करने से नहीं आ जाता।"* जनरल सेक्रेटरी शी ने अपने भाषणों में इन गीतों को उद्धृत किया है। वह बड़ी संख्या में पार्टी कार्यकर्ताओं, अधिकारियों और पूरे राष्ट्र को बताना चाहते हैं कि समाजवाद कड़ी मेहनत से आता है, केवल इंतजार करने से नहीं आता।

दूसरी बात – *"नये युग का निर्माण भी कड़ी मेहनत से होता है।"* अक्तूबर 2017 में चीन की कम्युनिस्ट पार्टी की राष्ट्रीय कांग्रेस की रिपोर्ट में जनरल सेक्रेटरी शी ने बताया है कि दीर्घकालीन प्रयास के बाद, चीनी विशेषताओं वाले समाजवाद के नये युग का प्रारम्भ हो गया है। अब समय आ गया है कि चीन के लोग चीनी राष्ट्र के नव-निर्माण और चीन को एक ऐसा महान राष्ट्र बनाने के प्रयासों में जुट जाएँ जो समृद्ध, मजबूत, लोकतान्त्रिक, सांस्कृतिक रूप से उन्नत, सद्भावपूर्ण और सुंदर हो। उन्होंने कहा कि इस समय हम चीनी राष्ट्र के महान नव-निर्माण के लक्ष्य के सबसे ज्यादा करीब हैं; और पहले के किसी भी समय की तुलना में, इस समय हम इस उद्देश्य की प्राप्ति के लिए ज्यादा आत्मविश्वास और ज्यादा क्षमता-सम्पन्न हैं।

लेकिन, अब भी हमें अनेक चुनौतियों और मुश्किलों से पार पाना है। जनरल सेक्रेटरी शी ने इस बात पर बल दिया है कि चीनी राष्ट्र के नव-निर्माण का काम आसान नहीं है। लक्ष्य के करीब पहुँच कर भी हमें अपने प्रयास कम नहीं होने देने हैं। हमें ज्यादा मेहनत और उत्साह से काम करना है। नये युग को कर्मठ स्त्री-पुरुषों की आवश्यकता है। स्वयं जनरल सेक्रेटरी शी इस नये युग के सबसे कर्मठ व्यक्ति हैं। वह काम को सबसे ज्यादा महत्व देते हैं और चाहते हैं कि काम जल्दी से जल्दी पूरे हों। उनकी "तुरंत काम की मानसिकता" से जुड़ा एक प्रसंग है। 1991 में शी जिनपिंग फ़ुज़ोउ म्युनिसिपल कम्युनिस्ट पार्टी कमेटी के सेक्रेटरी थे। फ़ुज़ोउ पार्टी कमेटी और म्युनिसिपल गवर्नमेंट की कम कार्यकुशलता को देखते हुए, उन्होंने अधिकारियों को निर्देश दिया कि मावेई आर्थिक क्षेत्र से जुड़े मसले तुरंत निपटाए जाने चाहिए। जल्दी ही, फ़ुज़ोउ म्युनिसिपल कम्युनिस्ट पार्टी कमेटी के परिसर में *"यह कार्य तुरंत किया जाना चाहिए"* की तख्ती लटका दी गई ताकि बड़ी संख्या में कार्यकर्ताओं और अधिकारियों को याद रहे कि काम हिम्मत और कुशलता से और जल्दी किए जाने हैं।

तीसरी बात – *"युवा-शक्ति संघर्ष के लिए है।'* दरअसल, हर व्यक्ति अपने जीवन में एक बार युवा होता है। हर युवा पीढ़ी को अपने युग के अवसर और उद्देश्य मिलते हैं। चीन की इस पीढ़ी के युवाओं के लिए कौन से अवसर और उद्देश्य हैं? जनरल सेक्रेटरी शी ने कहा कि उनके लिए महानतम अवसर, उद्देश्य और परीक्षा यही है कि चीनी राष्ट्र के नव-निर्माण के सपने को साकार करें।

युवाओं की यह पीढ़ी नये युग में सफर कर रही है। जब हम 2020 में अपने देश को सभी क्षेत्रों में एक समुचित समृद्ध देश बना रहे हैं तो जो युवा आज बीस साल की उम्र के आसपास हैं, वे 2030 में तीस से चालीस साल के होंगे। उस समय हमारा देश आधुनिकीकरण का लक्ष्य मूलतः पा चुका होगा। 2050 में हम अपने देश को व्यापक रूप से एक आधुनिक और शक्तिशाली समाजवादी देश बना सकेंगे जो समृद्ध, लोकतान्त्रिक, सांस्कृतिक रूप से अग्रणी, सभ्य, सद्भावपूर्ण और सुंदर होगा। आज जो युवा 20 साल के आसपास की उम्र के हैं, उस समय वे करीब पचास साल के होंगे। इस तरह, आज के युवा इस शताब्दी के दो लक्ष्यों की पूर्ति की पूरी प्रक्रिया के हिस्सेदार होंगे। इसलिए आज के युवाओं को दृढ़ता से यह समझना होगा कि उन्हें कड़ा परिश्रम करना ही

है। जब वह कड़ा परिश्रम चुनेंगे, तो उन्हें मुश्किलें भी चुननी होंगी और उनके सुखद परिणामों की फसल भी उनकी होगी।

अगर हम इतिहास को देखें तो पता चलेगा कि अनेक विचारकों, वैज्ञानिकों और राजनीतिज्ञों ने अपनी सबसे बड़ी उपलब्धियाँ युवावस्था में ही हासिल कर ली थीं। *"कम्युनिस्ट मैनीफेस्टो"* के प्रकाशन के समय कार्ल मार्क्स केवल तीस साल के थे और फ्रेडरिक एंजेल्स अट्ठाईस साल के थे। चलन-कलन (कैलकुलस) के आविष्कार के समय आइज़ैक न्यूटन 22 और गाटफ्रीड विलहेल्म लाइबनिज़ 28 साल के थे। जनरल सेक्रेटरी शी ने ये उदाहरण युवाओं को यह समझाने के लिए दिए कि उन्हें दृढ़ संकल्प के साथ ज़ोरदार प्रयास करने चाहिए, पहल करनी चाहिए, नये युग में संघर्षशील चेतना और समर्पण के साथ आगे बढ़ना चाहिए – कभी भी किनारे खड़े होकर सच्चाई से बचना नहीं चाहिए।

भाग 8

पर्याप्त ज्ञान से शिष्ट व्यवहार पनपता है

1- क्यों सीखें?

2- क्या सीखें?

3- कैसे सीखें?

腹有诗书气自华

भाग 8 के व्याख्याकार

प्रोफेसर मेंग मैन

मिनजू यूनिवर्सिटी ऑफ चाइना

और

प्रोफेसर शु चुआन

सेक्रेटरी, सीपीसी जनरल ब्रांच ऑफ दि मार्क्सिस्म स्टडीज़,
नानजिंग यूनिवर्सिटी ऑफ एयरोनॉटिक्स एंड एस्ट्रोनॉटिक्स

एक

क्यों सीखें ?

"सीखना प्रगति और विकास की बुनियादी जरूरत है, जबकि अभ्यास क्षमता बढ़ाने का मार्ग है। युवाओं के गुणों और क्षमताओं का सीधा असर चीन के सपने को साकार करने पर पड़ेगा। एक पुरानी कहावत है, *'सीखना धनुष है, जबकि क्षमता तीर है।'* इसका मतलब है कि सीखने का आधार धनुष की तरह है, जबकि क्षमता तीर की तरह है। जिस व्यक्ति में बहुत अधिक ज्ञान होगा, वही अपनी क्षमता का अधिकतम इस्तेमाल कर सकेगा। युवावस्था सीखने की सबसे अच्छी उम्र होती है, इसलिए आपको सीखने को सर्वोच्च प्राथमिकता देनी चाहिए, अपनी जिम्मेदारी, नैतिक मूल्य तथा जीवन-शैली बना लेनी चाहिए। आपके मन में यह विश्वास होना चाहिए कि सीखने से ही सपनों की शुरुआत होती है और जीवन में सफलता क्षमता पर निर्भर करती है। आपको मेहनत के साथ सीखने को अपनी प्रेरक शक्ति बना लेना चाहिए और क्षमता के विकास को अपने युवा प्रयासों का संसाधन बना लेना चाहिए।"

– शी जिनपिंग

यह उद्धरण 4 मई 2013 को सिंपोजियम ऑफ आउटस्टेंडिंग यूथ डेलीगेट्स फ्रॉम आल वाक्स ऑफ लाइफ" (जीवन के विविध क्षेत्रों के श्रेष्ठ युवा प्रतिनिधियों की संगोष्ठी) में जनरल सेक्रेटरी शी जिनपिंग के सम्बोधन से लिया गया है।

प्रोफेसर मेंग मैन के अनुसार –

"सीखना धनुष है, जबकि क्षमता तीर है" – यह उक्ति चिंग वंश के समय के लेखक युआन मेई (1716–1797) की पुस्तक *सीक्वल टु डिस्कोर्सेज ऑन पोइट्री – इंफेसाइस लर्निंग (कविता पर प्रवचनों की अगली कड़ी: सीखने पर जोर दें)* से ली गई है। *सीक्वल टु डिस्कोर्सेज ऑन पोइट्री* पुस्तक कविता लिखने के तरीकों के बारे में बताती है और इसके अध्याय – *इम्फेसाइज लर्निंग* में क्षमता, सीखने, ज्ञान और अंतर्दृष्टि के बीच संबंधों की चर्चा की गई है। इस उक्ति का सम्पूर्ण रूप इस प्रकार है – *"सीखना धनुष है, जबकि क्षमता तीर है। ज्ञान और अंतर्दृष्टि से निर्देशित तीर ही लक्ष्य को भेद सकता है।"* इसका तात्पर्य है कि सीखना धनुष की तरह है जो ताकत देता है और क्षमता तीर की तरह कवच को बींध सकती है। अगर आप के पास धनुष और तीर हों, तब भी क्या आप निश्चित रूप से लक्ष्य भेद सकते हैं? निश्चित नहीं। सही दिशा भी होनी चाहिए। ज्ञान और अंतर्दृष्टि से दिशा मिलती है। जब आपके पास सही रास्ते का ज्ञान और अंतर्दृष्टि हो, धनुष ताकत लगाए और तीर भेदने को तैयार हो, तभी लक्ष्य भेदा जा सकता है। दूसरे शब्दों में, हम अनुभव से निर्देशित हों, ज्ञान को आधार बनाएँ और प्रतिभा को ताकत बनाएँ।

जनरल सेक्रेटरी शी जिनपिंग ने युआन मेई की सूक्ति के पहले आधे हिस्से को उद्धृत किया जिसमें क्षमता और सीखने के बीच संबंध का उल्लेख किया गया है। इतिहास में, इस संबंध का बड़ा महत्व रहा है और अनेक विद्वानों ने इसकी चर्चा की है। युआन मेई ही नहीं, बल्कि तांग वंश के समय के इतिहासकार लियू ज़िजी ने भी इसका उल्लेख किया है। लियू ज़िजी ने कहा है कि बिना क्षमता के मात्र ज्ञान होने की स्थिति ऐसी ही है कि किसी के पास एक सौ म्यू (667 हैक्टेयर) ज़मीन हो लेकिन उसे पता न हो कि इस पर खेती कैसे की जाए और इस ज़मीन का प्रबंध कैसे किया जाए। ऐसी स्थिति में आप फसल नहीं उगा पाएंगे और धनवान नहीं हो सकेंगे। इसलिए प्रतिभा और ज्ञान एक-दूसरे के पूरक हैं, इनमें किसी की भी अनदेखी नहीं की जा सकती। युवा ऐसा सोचते हैं कि सीखने की तुलना में प्रतिभा ज्यादा महत्वपूर्ण है। वे ज्यादा मस्ती करने की सोचते हैं, उनमें धैर्य नहीं होता और वे धीरे-धीरे ज्ञान और अनुभव पाने को नापसंद करते हैं। लेकिन हमें यह अवश्य समझना चाहिए कि मात्र प्रतिभा से महान उपलब्धियाँ

हासिल नहीं की जा सकतीं। मैं इस बारे में एक उदाहरण देना चाहूँगा। हम सभी ने वेंग ऐनशी का प्रसिद्ध लेख *दि पिटी ऑफ ज़ोंगयोंग* पढ़ा है। ज़ोंगयोंग पाँच साल की उम्र में कविताएं लिख सकता था और बचपन से बहुत बुद्धिमान था। उसके पिता को उसकी प्रतिभा में अंधविश्वास था, इसलिए उन्होंने उसे पढ़ने को स्कूल भी नहीं भेजा। इससे ज़ोंगयोंग ऐसा विलक्षण प्रतिभाशाली बन कर रह गया जिसकी कोई बुनियाद न हो। धीरे-धीरे उसकी प्रतिभा नष्ट होने लगी। बड़ा हो कर वह "एक सामान्य व्यक्ति" ही बन कर रह गया।

अब मैं आपको इसका एक विपरीत उदाहरण देता हूँ – तांग कवि, ली बाई का । उनका उपनाम है "बेनिश्ड ट्रान्सेंडेंट" जिसका मतलब है अद्भुत प्रतिभाशाली (जीनियस)। ली बाई की प्रतिभा तो बेजोड़ थी ही, उनकी शिक्षा भी अच्छी हुई थी। उन्होंने कौन-सी पुस्तकें पढ़ीं? उन्हीं के शब्दों में, "मैंने पाँच साल की उम्र में प्राथमिक पुस्तक पढ़ ली थी और दस साल का होने तक 'एक सौ लेखक' पुस्तक पढ़ ली थी।" ज्ञान की इस मजबूत बुनियाद और अपनी असाधारण प्रतिभा के बल पर ली बाई ने जो हासिल किया, उसके बारे में एक अन्य कवि दू फा ने कहा है, "उनकी लिखी कविताएं पढ़ कर भूतों और देवताओं के भी आँसू आ जाते हैं।" यह है प्रतिभा और विद्वता का पूर्ण समावेश!

मैं फिर से युआन मेई के रूपक पर आता हूँ। तीर बहुत तेज होता है इसलिए लोगों का उसकी शक्ति पर तुरंत ध्यान जाता है। लेकिन हमें याद रखना चाहिए कि तीर जो दूरी तय करता है, उसमें केवल तीर के तीखेपन का ही हाथ नहीं होता, धनुष की भी ताकत होती है। धनुष के मजबूत होने से ही तीर ज्यादा दूर तक जा सकता है।

एक प्राचीन कहावत है, "कोई भी जन्म से बुद्धिमान अथवा विद्वान नहीं होता।" मूलतः दुनिया में कोई विलक्षण प्रतिभाशाली नहीं होता। इसलिए हमें पूरे जीवन भर कठिन परिश्रम करना चाहिए। जैसा कि जनरल सेक्रेटरी शी जिनपिंग ने कहा है कि हमें सीखने को एक जिम्मेदारी, जीवन-शैली और नैतिक मूल्य के तौर पर लेना चाहिए ताकि सीखने से हमारा जीवन श्रेष्ठ हो सके।

प्रोफेसर शु चुआन के अनुसार –

हमारे लिए सीखना क्यों अनिवार्य है, इसका कारण बताते हुए जनरल सेक्रेटरी शी ने चार विचार व्यक्त किए हैं और सीखने का महत्व बताया है। उन्होंने बताया है कि सीखना सभ्यताओं की विरासत को हासिल करने का मार्ग है; प्रगति और विकास की बुनियादी जरूरत है; राजनीतिक दलों की मजबूती का आधार है और देश की समृद्धि का अनिवार्य घटक है। इन चार आयामों का स्तर बड़ा समृद्ध परिदृश्य है। "सभ्यताओं की विरासत को हासिल करने का मार्ग, राजनीतिक दलों की मजबूती का आधार और देश की समृद्धि का अनिवार्य घटक होना" सामूहिक यानी मानवीय सभ्यता, राजनीतिक पार्टियों और राज्य के दृष्टिकोण वाला पक्ष है, जबकि "प्रगति और विकास की बुनियादी जरूरत होना" व्यक्ति के दृष्टिकोण वाला पक्ष है।

जनरल सेक्रेटरी ने आधुनिक प्रतिभाओं के विज्ञान के एक सिद्धान्त का उल्लेख करते हुए इसे "रिचार्जेबल बैटरी का सिद्धान्त" कहा है। इसका मतलब है कि अब प्रतिभा के जीवन में केवल एक बार "चार्ज" होने का जमाना नहीं रह गया है। अब तो हमें एक बेहद कुशल, बार-बार "रिचार्ज" हो जाने वाली बैटरी जैसा होना चाहिए। लगातार "चार्ज" होते रहने (अर्थात लगातार सीखने) से ही हम नई ऊर्जा लेते रह सकते हैं और आगे बढ़ते रह सकते हैं।

लियांगजिहे गाँव से जुड़े अनेक प्रसंग हैं। उनमें से मैं एक प्रसंग प्रस्तुत कर रहा हूँ। वर्ष 1969 के प्रारम्भ में लियांगजिहे गाँव में पेकिंग के सेकेन्डरी स्कूल की पढ़ाई कर चुके 15 विद्यार्थी पुनर्शिक्षण के लिए भेजे गए। गाँव के लोगों ने उत्साह से उनका सामान उठा लिया। एक चालाक युवा ग्रामीण ने भूरे रंग का एक छोटा बक्सा उठा लिया और वह दूसरों से आगे निकल गया। जब आधा रास्ता चलने के बाद सब सुस्ताने के लिए रुके तो उस युवा ग्रामीण ने बड़े बक्सों को उठा कर देखा। उसने पाया कि वे तो उसके छोटे बक्से से काफी हल्के थे। उसे हल्का समझ कर छोटा बक्सा उठाने का पछतावा हुआ और उसने अपने साथियों को बताया कि उसे लग रहा था कि बक्से में सोना, चांदी या कोई खजाना रखा है। असल में छोटे बक्से में सोना, चाँदी या कोई बहुमूल्य चीज नहीं थी। अब तो सब जान गए थे कि उस बक्से में क्या था। उसमें किताबें भरी थीं। वह बक्सा शी जिनपिंग का था और तब वह सोलह साल के भी नहीं हुए थे। एक शिक्षित युवा के रूप में लियांगजिहे गाँव में बिताए गए सात सालों ने (सांस्कृतिक क्रांति

के दौरान सेकेन्डरी स्कूल के बच्चों को पुनर्शिक्षण के लिए गाँव में भेजे जाने का काल) शी जिनपिंग की क्षमता और ज्ञान – दोनों को बढ़ाया। इससे विश्वविद्यालय प्रवेश परीक्षा में उनकी सफलता की मजबूत बुनियाद बनी। मेहनत से पढ़ाई और अदम्य संकल्प के बल पर, उन्होंने पढ़ते-सीखते हुए अपनी किस्मत बदल दी।

1975 में शी जिनपिंग ने सिंघुआ विश्वविद्यालय में दाखिला लिया जहाँ उन्होंने चार साल तक रासायनिक इंजीनियरी विभाग में ऑर्गेनिक सिंथेसिस विषय की पढ़ाई की।

विश्वविद्यालय से स्नातक की उपाधि प्राप्त करने के बाद उन्होंने काम करना शुरू किया। इससे कोई फर्क नहीं पड़ता कि उन्होंने हेबेई प्रांत के झेंगडिंग में या फुजियान प्रांत के शियामेन में या निंगदे में सेवा की, या फुजियान, झेजियांग और शंघाई में प्रशासन का नेतृत्व किया, जिसमें बाद में पार्टी और राज्य के नेता बनना शामिल था, इस पूरे दौर में उनकी अध्ययन करने की आदत बनी रही, जो सही मायनों में "प्रगति और विकास के लिए अनिवार्य है।"

चीन की कम्युनिस्ट पार्टी की 18वीं राष्ट्रीय कांग्रेस के बाद शी जिनपिंग ने पार्टी की केंद्रीय समिति के जनरल सेक्रेटरी, केंद्रीय सैनिक आयोग के अध्यक्ष और जनतान्त्रिक चीन गणराज्य के राष्ट्रपति के पद-भार ग्रहण किए। लेकिन उनकी अध्ययन की आदत बनी रही।

इस तरह, जनरल सेक्रेटरी शी की प्रगति का निजी अनुभव हम सबको निरंतर प्रेरणा देता है। कोई युवा हो या वृद्ध, व्यक्ति हो या राजनीतिक दल, आम जनता हो या सरकारी अधिकारी, या फिर कोई अपना चरित्र-निर्माण कर रहा हो, चाहे वह प्रशासक हो या कार्यकर्ता – सभी के लिए अध्ययन सबसे महत्वपूर्ण है। संक्षेप में, हम सब को खूब अध्ययन करना चाहिए और रोज़ तरक्की करनी चाहिए। सीखने की कोई उम्र नहीं होती।

दो

क्या सीखें ?

आदान-प्रदान से सभ्यताएँ बहुरंगी हो जाती हैं और परस्पर सीखने और एक-दूसरे के संदर्भों को समझने से समृद्ध होती हैं। एक चीनी कहावत है, *"जो अपने सहयोगियों की अनुपस्थिति में अकेले अध्ययन करता है, वह सही ज्ञान प्राप्त नहीं कर सकता।"* हमें मानव-जाति द्वारा निर्मित सभी सभ्यताओं से ज्ञान हासिल करना और सीखना चाहिए – चाहे वे प्राचीन चीनी, ग्रीक, रोमन, मिस्री, सुमेरी और भारतीय सभ्यताएँ हों या फिर वे आधुनिक एशियाई, अफ्रीकी, यूरोपीय, अमेरिकी और आस्ट्रेलियाई सभ्यताएँ। हमें इन सभी सभ्यताओं के उपयोगी तत्वों को समाहित कर लेना चाहिए। हमें सभी मानवीय सभ्यताओं के सांस्कृतिक लक्षणों को अपनाना चाहिए और समकालीन संस्कृतियों तथा आधुनिक संदर्भों से ताल-मेल बिठाना चाहिए। हमें ऐसे श्रेष्ठ सांस्कृतिक तत्वों से स्वयं को उन्नत और समृद्ध बनाना चाहिए जो देश-काल की सीमाओं से ऊपर उठ जाते हों तथा जिनमें शाश्वत सौंदर्य और समकालीन जीवन-मूल्य निहित हों।

– शी जिनपिंग

यह उद्धरण 24 सितंबर 2014 को कन्फ्यूशियस की 2,565वीं जन्म-शताब्दी और इंटरनेशनल कन्फ्यूशियस एसोसिएशन की पाँचवीं कांग्रेस के अवसर पर आयोजित अंतरराष्ट्रीय संगोष्ठी में जनरल सेक्रेटरी शी जिनपिंग के सम्बोधन से लिया गया है।

प्रोफेसर मेंग मैन के अनुसार –

"जो अपने सहयोगियों की अनुपस्थिति में अकेले अध्ययन करता है, वह सही ज्ञान प्राप्त नहीं कर सकता" – यह उक्ति बुक ऑफ राइट्स के *ऑन लर्निंग* अध्याय से ली गई है।

ऑन लर्निंग निबंध में शिक्षा के बारे में चर्चा की गई है। इसमें *"ठीक से अध्ययन कैसे करें"* और *"लोग ठीक से अध्ययन क्यों नहीं कर पाते"* – इन विषयों पर विचार किया गया है। इसमें ठीक से अध्ययन न कर पाने के छह कारणों पर विचार किया गया है। इनमें एक कारण है – *"जो अपने सहयोगियों के बिना अकेले में अध्ययन करता है, वह सही ज्ञान प्राप्त नहीं कर सकता"*।

"अकेले अध्ययन करना" क्या है? इसका मतलब है, किसी मित्र से विचारों का आदान-प्रदान किए बिना अकेले पढ़ना। इसके क्या परिणाम हो सकते हैं?

सबसे पहला परिणाम *"अज्ञानता"* हो सकता है, अर्थात चीजों की मात्र सतही समझ ही बनेगी। दूसरा परिणाम *"बहुत कम जानकारी"* हो सकती है, अर्थात आपकी जानकारी का दायरा बहुत सीमित होगा।

सतही और सीमित जानकारी वाला व्यक्ति कुएं का मैंढक जैसा हो जाता है। संकीर्ण बुद्धि और अहंकार से अंधा व्यक्ति कोई तरक्की नहीं कर सकता। इस समस्या का समाधान कैसे हो सकता है? हम दोस्त क्यों नहीं बना सकते और उनकी विस्तृत राय से लाभ क्यों नहीं उठा सकते?

व्यापक रूप से दोस्त बनाने का मतलब बिना-सोचे समझे दोस्त बनाना नहीं है। कन्फ्यूशियस ने कहा है, "तीन तरीके की दोस्ती लाभप्रद होती हैं – सच्चे आदमी से दोस्ती, ईमानदार आदमी से दोस्ती और ऐसे लोगों से दोस्ती जिनकी प्रेक्षण की क्षमता जबर्दस्त हो।" इसका मतलब है कि हमें ईमानदार, अनुभवी और जानकार लोगों से दोस्ती करनी चाहिए ताकि हमारी दृष्टि और मानसिक क्षमता का विस्तार हो और हम तरक्की कर सकें।

हम अब इंटरनेट युग में पहुँच गए हैं। अगर आज हम दूसरों से सीखना चाहते हैं तो हमें *बौद्ध धर्म के तीन ग्रन्थों* को लाने के लिए तांग सेंग की तरह पश्चिम की ओर कठिन यात्रा नहीं करनी होगी। आज हम बिना किसी परेशानी के सीख सकते हैं।

इसलिए, अब हमें आधुनिक समय में उपलब्ध अवसरों का पूरा लाभ उठाना चाहिए। आज इंटरनेट काफी उन्नत हो गया है। उस पर 'गेम्स' खेल कर समय बिताने की बजाय, हमें सभी प्रकार की उपयोगी जानकारी हासिल करनी चाहिए और दुनिया भर के लोगों और सभ्यताओं से मित्रता करनी चाहिए। इस दौरान, हमें निरंतर सीखना और परिपक्व होना चाहिए। ऐसा करने से, हम विफल नहीं होंगे और जनरल सेक्रेटरी शी जिनपिंग की अपेक्षाओं पर खरा उतर सकेंगे।

तीन

कैसे सीखें ?

"कार्यों को सही तरीके से किया जाना चाहिए, जबकि नैतिकता के लिए कोई हवाई बात नहीं होनी चाहिए। हमें ज्यादा व्यावहारिक होना चाहिए। ज्ञान और कार्य साथ-साथ चलना चाहिए और बुनियादी जीवन-मूल्यों को आध्यात्मिक साधना की तरह बना लेना चाहिए तथा सजग रूप से कर्तव्य का प्रेरक बना लेना चाहिए। *बुक ऑफ राइट्स* में कहा गया है, *'व्यापक रूप से सीखें, आग्रहपूर्वक पूछें, गंभीरता से विचार करें, स्पष्टता से भेद करना सीखें और ईमानदारी से कार्य करें।'* कुछ लोग मानते हैं कि *'विद्वान ऐसे औसत दर्जे के लोग होते हैं जो मेहनत से काम करते हैं, जबकि औसत दर्जे के लोग ऐसे विद्वान होते हैं जो मेहनत से काम नहीं करते।'* युवाओं के पास ज्यादा अवसर होते हैं इसलिए उन्हें नियमित रूप से आगे बढ़ते रहना चाहिए, मजबूत बुनियाद रखनी चाहिए और निरंतर प्रयास करते रहना चाहिए। किसी काम को करने में सबसे बड़े खतरे हैं – भावनाओं में बह जाना, काम रुक-रुक कर करना और बार-बार अपना इरादा बदलते रहना।"

– शी जिनपिंग

यह उद्धरण 4 मई 2014 को पेकिंग विश्वविद्यालय के शिक्षकों और विद्यार्थियों की एक संगोष्ठी में जनरल सेक्रेटरी शी जिनपिंग के सम्बोधन से लिया गया है।

प्रोफेसर मेंग मैन के अनुसार –

'व्यापक रूप से सीखें, आग्रहपूर्वक पूछें, गंभीरता से विचार करें, स्पष्टता से भेद करना सीखें और ईमानदारी से कार्य करें" – यह उक्ति *बुक ऑफ राइट्स* के *दि डॉक्ट्रिन ऑफ दि मीन* अध्याय से ली गई है। ऐसा माना जाता है कि *दि डॉक्ट्रिन ऑफ दि मीन* पुस्तक कन्फ्यूशियस के पोते ज़ी सी ने लिखी थी। यह पुस्तक मानवीय प्रकृति के विकास के बारे में कन्फ्यूशियस के विचारों से अवगत कराती है। जनरल सेक्रेटरी शी जिनपिंग का यह उद्धरण अध्ययन की प्रवृत्ति के बारे में है। अध्ययन कैसे जारी रखा जाए? इसका तरीका होना चाहिए – व्यापक रूप से सीखें, आग्रहपूर्वक पूछें, गंभीरता से विचार करें, स्पष्टता से भेद करना सीखें और ईमानदारी से कार्य करें। ये अध्ययन करने के पाँच कदम या स्तर हैं और ये क्रमशः एक-दूसरे के बाद आते हैं।

"ईमानदारी से कार्य करना" सीखने का सर्वोच्च स्तर है और सभी प्रकार से सीखने का सच्चा समाधान भी है। कठिन परिश्रम और अभ्यास करते हुए, तथा ज्ञान तथा कर्मठता को साथ-साथ रखते हुए ही, हमें व्यवहार में ज्ञान से सर्वोत्तम लाभ मिल सकता है।

वास्तव में, अगर हम ध्यान से सोचें तो हम समझ पाएंगे कि ये पाँच तरीके मात्र सीखने के ही बेहतरीन तरीके नहीं हैं, बल्कि जीने के तरीके भी हैं। इस जटिल और निरंतर परिवर्तनशील दुनिया में हमारे अंदर व्यापक रूप से सीखने, आग्रहपूर्वक पूछने, गंभीरता से विचार करने, स्पष्टता से भेद करने और ईमानदारी से कार्य करने की बुद्धिमत्ता होनी चाहिए, तभी हम सच्चाई को पा सकेंगे। जब हम सच्चाई को पा सकें तो हमारे भीतर इस धारणा को जीने और अपनाने का जज्बा होना चाहिए। ऐसा करके ही हम सच्चाई की राह पर चल सकेंगे और समाज को बदल सकेंगे। जनरल सेक्रेटरी शी जिनपिंग की युवाओं और वर्तमान समय से यही अपेक्षा है।

प्रोफेसर शु चुआन के अनुसार –

अध्ययन के तरीकों के बारे में जनरल सेक्रेटरी शी जिनपिंग ने कुछ सुझाव और निर्देश दिए हैं। अध्ययन का उच्चतम स्तर *युआंशी* गीत के वर्णन जैसा है। *चिंग यू आन धुन* में बद्ध और शीन काइजी (1140–1207) द्वारा रचित यह गीत इस प्रकार है – *"मैं इस*

भीड़ में मैं उसे व्यर्थ ही ढूँढ़ता हूँ। जब मैं अचानक अपना सिर घुमाता हूँ तो मैं उसे वहाँ देखता हूँ जहाँ लालटेन का प्रकाश कम है।" इस स्थिति को कैसे हासिल किया जाए?

जनरल सेक्रेटरी शी जिनपिंग ने हमें स्पष्ट उत्तर दिया है जिसे इन शब्दों में समेटा जा सकता है – *"सीखने को अभ्यास के साथ जोड़ें; ज्ञान को कर्म के साथ जोड़ें।"* इस सीख को कैसे अपनाएं? हम चाइना एकेडमी ऑफ ट्रेडिशनल चाइनीज़ मेडिसन के वैज्ञानिक तथा शोधकर्ता तू योउ योउ के जीवन से सीख सकते हैं जिनका जीवन सीखने और अभ्यास के बीच सही तालमेल का उदाहरण है।

1967 में विकासशील देशों की मदद और दक्षिणी चीन में मलेरिया को समाप्त करने के लिए मलेरिया की एक नई दवा बनाने के उद्देश्य से चेयरमैन माओ और प्रीमियर झोउ ने चीनी वैज्ञानिकों को सैन्य परियोजना के दायरे में तुरंत एक कार्यदल बनाने का निर्देश दिया। 1969 में 39 साल की तू योउ योउ इस परियोजना में शामिल हुईं। 1971 के अंत में उन्हें आर्टेमिसिनीन से एक ऐसा सत्त निकालने में सफलता मिली जो मलेरिया के प्लाज्मोडियम वाइरस को शत-प्रतिशत नष्ट कर सकता था।

1981 में विश्व स्वास्थ्य संगठन का चीन में सम्मेलन हुआ जिसमें स्वास्थ्य के क्षेत्र में आर्टेमिसिनीन की खोज के योगदान की सराहना की गई। उस सम्मेलन के दौरान, एक फ्रांसीसी पत्रकार ने तू योउ योउ से पूछा कि उन्हें इस तथ्य को जानकर कैसा लगा कि आर्टेमिसिनीन में शुरुआती अनुसंधान दरअसल युद्ध में उपयोगिता की दृष्टि से किया गया था लेकिन अब इसका मुख्यतः इस्तेमाल लोगों का जीवन बचाने में होता है। तू योउ योउ ने उत्तर दिया, "मैं इस तथ्य से बहुत खुश हूँ। एक चिकित्सा वैज्ञानिक होने के नाते मुझे मानवता के स्वास्थ्य के लिए काम करना चाहिए।" उनका लक्ष्य बहुत सरल था। सीखना उपयोग के लिए है और उपयोग से समझ बेहतर बनती है। इस तरह ज्ञान और कर्म के बीच परस्पर ताल-मेल बना रहता है। हमें अध्ययन करना चाहिए, अध्ययन में बेहतर होना चाहिए, अध्ययन करने योग्य बनना चाहिए, अध्ययन करने का सही तरीका सीखना चाहिए, अध्ययन पर ध्यान केन्द्रित करना चाहिए और अध्ययन करने में खुशी होनी चाहिए। हमें अध्ययन करना और उस पर विश्वास करना चाहिए, अध्ययन के साथ-साथ चिंतन करना चाहिए और अध्ययन के साथ कर्म भी करना चाहिए।

भाग 9

दुष्ट बाँस को हज़ारों टुकड़ों में काट कर उसे नष्ट कर देना चाहिए

恶竹应须斩万竿

1- भ्रष्ट होने की हिम्मत ही नहीं होनी चाहिए

2- भ्रष्ट हो ही नहीं सकते

3- भ्रष्टाचार की प्रवृत्ति ही न हो

भाग 9 के व्याख्याकार

प्रोफेसर झाओ दोंगमेई
पेकिंग विश्वविद्यालय

और

कांग हुई
टेलीविजन प्रस्तोता

और

हुआंग यिबिन
सेंट्रल पार्टी हिस्ट्री एंड लिट्रेचर ऑफिस रिसर्चर

एक

भ्रष्ट होने की हिम्मत ही नहीं होनी चाहिए

"एक कविता में कहा गया है, *'देवदार के नये वृक्ष इस बात से घृणा करते हैं कि वे हजार फुट ऊंचे नहीं हो पाते; दुष्ट बाँस को हजारों टुकड़ों में काट कर उसे नष्ट कर देना चाहिए।'* अगर बुराई को पूरी तरह नष्ट नहीं किया जाएगा तो वह फिर जड़ पकड़ लेगी और वक्त के साथ फिर उठ खड़ी होगी। इससे न केवल राजनीतिक माहौल बिगड़ेगा, बल्कि पार्टी तथा लोगों की इच्छाशक्ति भी बहुत कमज़ोर हो जाएगी। इसलिए पार्टी में अनुशासन कायम रखने की हमारी शपथ हल्के में नहीं ली गई है। हम इस शपथ का अक्षरशः पालन करेंगे।"

– शी जिनपिंग

यह उद्धरण अनुशासन निरीक्षण के लिए चीन की कम्युनिस्ट पार्टी के केंद्रीय आयोग के छठे पूर्ण अधिवेशन में जनरल सेक्रेटरी शी जिनपिंग के सम्बोधन से लिया गया है।

प्रोफेसर झाओ दोंगमेई के अनुसार –

"देवदार के नये वृक्ष इस बात से घृणा करते हैं कि वे हजार फुट ऊंचे नहीं हो पाते; दुष्ट बाँस को हजारों टुकड़ों में काट कर उसे नष्ट कर देना चाहिए।" – ये पंक्तियाँ तांग वंश के दौर के कवि दु फू के *फाइव वर्सेज आई कम्पोज्ड फॉर मिस्टर यान, दि ड्यूक झेनगुओ, वेन आई वाज ऑन माइ वे बैक टु दि थैच्ड कौटेज इन चेंगदू* की

पाँचवीं कविता से ली गई हैं। इसमें उल्लिखित मिस्टर यान का पूरा नाम यान वू था, जो एक बड़े अधिकारी के पुत्र थे।

दु फू और यान वू घनिष्ठ मित्र थे। दु फू चेंगदू छोड़ कर कहीं और रहने लगे। जब उन्हें पता चला कि यान वू सिचुआन का प्रशासन संभालने चेंगदू आ रहे हैं, तो वह भी चेंगदू लौट आए। यह पंक्ति उनकी वापसी के दौरान लिखी गई।

दु फू नये सिरे से चेंगदू में जीवन शुरू करने के लिए बहुत उत्साहित थे। उन्होंने ये कविताएं चेंगदू लौट कर अपना जीवन नये सिरे से शुरू करने के अपने विश्वास और संकल्प को व्यक्त करने के लिए लिखी थीं। उन्होंने छप्पर के घरों वाला अपना गाँव तीन साल के लिए छोड़ा था। कविता में उन्होंने कल्पना की कि गाँव जीर्ण-शीर्ण हो गया होगा। उनको सबसे ज्यादा चिंता किस बात की थी? उन्हें अपने हाथों से रोपे देवदार के चार पेड़ों की चिंता थी। उन्हें उम्मीद थी कि ये पेड़ एक हजार फुट तक ऊंचे होंगे। फिर उन्होंने सोचा कि चेंगदू के नम मौसम में बाँस बहुत तेजी से बढ़ते हैं। दु फू को लगा कि बाँसों के फैलने से देवदार के पेड़ों की वृद्धि रुक जाएगी। अगर ऐसा होगा तो चाहे कितने ही बाँस बढ़ जाएँ, वह उन्हें काट डालेंगे। यह सोचते समय उनके मन में प्रेम और घृणा की तीव्र भावनाएँ एक साथ उभरीं। इसीलिए उन्होंने लिखा, *"देवदार के नये वृक्ष इस बात से घृणा करते हैं कि वे हजार फुट ऊंचे नहीं हो पाते; दुष्ट बाँस को हजारों टुकड़ों में काट कर उसे नष्ट कर देना चाहिए।"*

हम इन दो पंक्तियों के जरिए बुराई को जड़ से समाप्त करने का अपना संकल्प व्यक्त करते हैं। अगर हम चाहते हैं कि देवदार के छोटे पेड़ खूब बढ़ें तो हमें बाँस के बुरे पेड़ों को नष्ट करना ही होगा। वास्तव में, यही नौकरशाही का भी आदर्श होना चाहिए। अगर भ्रष्टाचार और कामचोरी को समाप्त नहीं किया जाएगा तो ईमानदारी और कार्यकुशलता नहीं पनप सकेगी। मैं आपको पुराने जमाने का एक वाकया बताता हूँ। सोंग वंश के 18 वर्ष पूरे होने तक सरकारी विभागों में अधिकारों का दुरुपयोग बहुत बढ़ गया था। ज़्यादातर अधिकारी कई साल तक इंतजार करने के बाद अपने वर्तमान पदों तक पहुँचे थे। वे अपना वाजिब सरकारी वेतन तो लेते ही थे, गलत तरीके से ऊपरी कमाई भी करते थे। इसके बावजूद, वे अपना काम भी ठीक से नहीं करते थे इसलिए सरकारी विभागों में जरूरत से ज्यादा कर्मचारी हो गए थे। नेक इरादों वाले कुछ लोगों ने शाही दरबार में एक प्रस्ताव प्रस्तुत किया कि सरकारी अमले को दुरुस्त करने के लिए सुधार

किए जाने की जरूरत है और खास तौर से ऊंचे पदों से अकुशल अधिकारियों को हटाने की जरूरत है। इसी से *किंगली शिनजेंग* सुधार आंदोलन शुरू हुआ जिसके बारे में हम इतिहास की पुस्तकों में पढ़ते हैं।

उप-प्रधानमंत्री फान जोंगयान और प्रिवी काउंसिल के उपमंत्री फू बी ने इन सुधारों का नेतृत्व किया। उन्होंने फैसला किया कि सबसे पहले *ल्यू*-स्तर (आज के "प्रांत" जैसा) पर अधिकारियों की छंटनी की जाए। जोंगयान ने काइफंग में एक रजिस्टर देखा और उसमें लिखे नामों की जांच की। जब उसने एक अयोग्य अधिकारी का नाम रजिस्टर में देखा तो कलम लेकर उसका नाम काट दिया। फू बी यह देख रहा था। उसने कहा कि अधिकारी का नाम काट देना तो आसान है लेकिन जो नाम आपने कागज पर काटा है, उस व्यक्ति को जब आप नौकरी से निकालोगे तो उसका पूरा परिवार रोएगा। इस टिप्पणी को सुन कर जोंगयान ने फू बी को देखा और गंभीरता से कहा कि अगर हम एक परिवार के रोने और आम लोगों के रोने की तुलना करें तो किसका रोना ज्यादा गंभीर बात है? इस तरह, सुधार-कर्ताओं का संकल्प "बुरे बाँसों को नष्ट करने जैसा" था। दुर्भाग्य से ये सुधार सफल नहीं हो सके। यह सच है कि *"देवदार के नये वृक्ष इस बात से घृणा करते हैं कि वे हजार फुट ऊंचे नहीं हो पाते; दुष्ट बाँस को हजारों टुकड़ों में काट कर उसे नष्ट कर देना चाहिए।"* लेकिन बुराई को पूरी तरह नष्ट कर पाना आसान नहीं है।

कांग हुई के अनुसार –

यह सही है कि बुराई को पूरी तरह नष्ट कर पाना आसान नहीं है। अनेक राजवंशों ने यह देखा कि इस काम को कर पाना बहुत कठिन है। लेकिन अगर हमने इस समस्या को नहीं सुलझाया तो भविष्य में अंतहीन समस्याएँ पैदा होंगी। इसलिए, कितना ही कठिन क्यों न हो, हमें इस बुराई को दूर करना ही होगा और इसके लिए निरंतर प्रयास करने ही होंगे। हमें यह संकल्प लेना ही होगा। जनरल सेक्रेटरी शी जिनपिंग ने दु फू की ये दो पंक्तियाँ उद्धृत कीं। वह इसी संकल्प की बात कर रहे थे। हमें समझना चाहिए कि दृढ़ संकल्प ही भ्रष्टाचार दूर करने का प्रथम साधन है। आखिर यह संकल्प आता कहाँ से है?

हुआंग यिबिन के अनुसार –

अनेक लोगों ने इस प्रश्न पर विचार किया। वास्तव में, यह संकल्प पार्टी तथा देश के भविष्य और नियति के प्रति जिम्मेदारी और चीनी जनता के प्रति हार्दिक भावनाओं से आता है। मैं इस बारे में कॉमरेड शी जिनपिंग के बारे में एक प्रसंग बताना चाहता हूँ जब वह तीस साल पहले फुजियान प्रांत के निंग्डे इलाके में कार्यरत थे। उस समय, यह इलाका पिछड़ा हुआ था लेकिन एक 'मामले' में यह 'बिल्कुल पिछड़ा नहीं' था। स्थानीय नेता अनुशासन और नियम तोड़ कर सार्वजनिक भूमि पर अपने लिए मकान बनाने पर तुले थे। ऐसे मकानों की कीमत लाखों युआन थी। उस समय इस प्रांत में किसी कर्मचारी का औसत वार्षिक वेतन करीब 1400 युआन था। तब इतना धन और मकान बनाने का सामान कहाँ से आता था? उत्तर है – भ्रष्टाचार से। कर्मचारियों द्वारा सरकारी ज़मीन पर अवैध तरीके से कब्जा कर वहाँ मकान बना लेना आम बात थी। साधारण लोगों का इस बुराई के कभी समाप्त होने का विश्वास टूट चुका था।

लेकिन 1989 में हालात बेहतर होने शुरू हुए। 1989 का नववर्ष आने से पहले सभी स्तर के स्थानीय नेताओं को एक बैठक में आने के लिए सूचना मिली। कुछ अधिकारियों को ऐसे समय बैठक बुलाया जाना अच्छा नहीं लगा। बैठक की अध्यक्षता कॉमरेड शी जिनपिंग ने की। उन्होंने कुछ ही समय पूर्व निंगदे प्रीफैक्चर पार्टी कमेटी के सेक्रेटरी का पदभार ग्रहण किया था।

स्थानीय अधिकारियों की राय में प्रीफैक्चर पार्टी कमेटी के नये सेक्रेटरी सौम्य स्वभाव के थे और सभी से बात करने को तैयार रहते थे। लेकिन उस दिन की बैठक में वह बहुत गरिमापूर्ण अंदाज में बैठे थे। घर बनाने के लिए ज़मीन दिए जाने के मसले पर, स्थानीय अधिकारियों ने कहा कि यह पुरानी समस्या है जिसमें अनेक संवर्गों के अधिकारी शामिल हैं। इसलिए नये अधिकारी के लिए यही उचित होगा कि इस मसले को ऐसे ही रहने दें और सोए हुए कुत्तों को सोए ही पड़े रहने दें।

कुछ अधिकारियों ने यह भी सलाह दी कि इस समस्या को सुलझाना कठिन है क्योंकि ये घर उन्हीं के सहकर्मियों ने बनाए हैं। उन्होंने कहा कि अगर बहुत से लोग किन्हीं कानूनों का पालन न करें तो वे कानून निष्प्रभावी हो जाते हैं। अगर किसी के भी घर या ज़मीन पर कब्जा किया गया तो वे बुरा मानेंगे। बुराई में हिस्सेदारी, जिम्मेदारी टालने

और सिद्धांतों पर न चलने के माहौल में, युवा शी ने गुस्से में मेज पर घूंसा मारा और खड़े हो गए। उन्होंने कहा कि यह सच है कि ज़मीन हथियाने वाले कार्यकर्ता बड़ी संख्या में हैं, लेकिन कुल कार्यकर्ताओं का वे एक छोटा हिस्सा ही हैं। अगर इलाके के बीस लाख लोगों के बारे में सोचा जाए तो वे और भी अल्प संख्या में होंगे। उन्होंने ज़ोर देकर कहा कि इस समस्या का समाधान होना ही होगा। उन्होंने प्रस्ताव रखा कि सभी वर्गों के कार्यकर्ताओं द्वारा निजी घर बनाने पर तुरंत रोक लगा दी जाए और हालात को दुरुस्त करने के लिए व्यापक पड़ताल का काम तुरंत शुरू किया जाए। बाद में निंग्डे क्षेत्र में अवैध भवन-निर्माण पर नकेल कसने के बारे में *पीपुल्स डेली* में विशेष रिपोर्ट प्रकाशित हुई, जिसका शीर्षक था, *"एक काम करें, लोगों के दिल जीतें"*। जेजियांग प्रांत में कार्य करते समय भी शी जिनपिंग ने भ्रष्टाचार रोकने पर ज़ोर देना जारी रखा। पार्टी और देश का नेता बनने के बाद भी उन्होंने भ्रष्टाचार के बड़े और जटिल मामलों से निपटने के लिए बड़े स्तर पर सख्ती से डराने की नीति जारी रखी।

भ्रष्टाचार को कतई बर्दाश्त न करने की नीति पर चलते हुए उन्होंने इसके खिलाफ मुहिम का नेतृत्व किया ताकि इसका बढ़ना तथा फैलाव रोका जा सके। वर्षों के प्रयासों के बाद प्रारम्भिक तौर पर यह लक्ष्य हासिल कर लिया गया है कि कर्मचारी भ्रष्टाचार करने की हिम्मत ही न कर सकें और पार्टी तथा सरकार के कामकाज की एक नई छवि बन सके।

अब, हम (कर्मचारी) *"भ्रष्ट हो ही नहीं सकते"* विषय पर आते हैं।

भ्रष्टाचार से लड़ रहे ईमानदार प्रशासन के बारे में एक उक्ति है, *"रोगसूचक राहत से बीमारी को पूरी तरह नष्ट करने के लिए समय मिल जाता है।"* भ्रष्टाचार को बलपूर्वक दबाना और न होने देना समस्या के अल्पकालिक समाधान हैं। स्थायी समाधान क्या है? स्थायी समाधान संस्थाओं को सही करने में है। आइये, देखते हैं कि इस बारे में जनरल सेक्रेटरी शी के क्या विचार हैं।

दो

भ्रष्ट हो ही नहीं सकते

"एक उक्ति है, 'जो बुराई को पूरी तरह खत्म करने की योग्यता रखते हैं, उन्हें बुराई की जड़ों तक जाना चाहिए; जो रोग का उपचार करने में निपुण हैं, उन्हें रोग के कारण को समाप्त कर देना चाहिए।' हमारी पार्टी के लंबे कार्यकाल ने हमें बड़ा राजनीतिक लाभ दिया है, पर साथ ही कठिन चुनौती भी दी है। अपनी पार्टी के ढांचे, प्रबंधन और निरीक्षण को निरंतर मजबूत बनाने और सुधारने के लिए हमें सभी स्तर पर पार्टी संगठन और जनता की शक्ति पर भरोसा करना चाहिए।"

– शी जिनपिंग

यह उद्धरण 26 जून 2015 को चीन की कम्युनिस्ट पार्टी की 18वीं केंद्रीय कमेटी के राजनीतिक ब्यूरो की 24वें सामूहिक अध्ययन के अवसर पर जनरल सेक्रेटरी शी जिनपिंग के सम्बोधन से लिया गया है।

प्रोफेसर झाओ दोंगमेई के अनुसार –

"जो बुराई को पूरी तरह खत्म करने की योग्यता रखते हैं, उन्हें बुराई की जड़ों तक जाना चाहिए; जो रोग का उपचार करने में निपुण हैं, उन्हें रोग के कारण को समाप्त कर देना चाहिए।" – यह उक्ति तांग वंश के दौर के कवि बाइ जुइ के निबंध 'से लिन' से ली गई है। 'से लिन' का शाब्दिक अर्थ है प्रति–उपायों का जंगल। यानी कि, यह

प्रति-उपायों का संकलन है। दूसरे शब्दों में, *'से लिन'* में राजनीतिक, सैन्य और आर्थिक मुद्दों पर सरकार को दिए गए बाइ जुइ के विचार और सुझाव संग्रहीत हैं।

इस उक्ति का अर्थ बहुत सरल है। इसमें कहा गया है कि जो किसी विपदा का कारण समझ सकते हैं, वही उस विपदा को अच्छी तरह से दूर कर सकते हैं। अच्छे डॉक्टर वही हैं जो रोग का कारण जानने और फिर उन कारणों को समाप्त करने में निपुण हैं। राज्य की समस्याओं के समाधान के लिए बाइ जुइ ने सम्राट को सुझाव दिया कि शासन को सबसे पहले समस्याओं का कारण समझते हुए, उन्हें सुलझाने के लिए आमूल परिवर्तनकारी और दूरगामी उपाय करने चाहिए।

कांग हुई के अनुसार –

इस उक्ति में चीनी अंदाज की बुद्धिमत्ता और दर्शन है। हम जानते हैं कि परंपरागत चीनी चिकित्सक सिरदर्द होने पर मात्र सिर का इलाज नहीं करते, पैर में दर्द होने पर मात्र पैर का इलाज नहीं करते। वे मात्र लक्षणों का उपचार नहीं करते, बल्कि रोग का उपचार करते हैं। ऐसा करने के लिए वे रोगी का प्रेक्षण, परिश्रवण (दिल, फेफड़ों आदि की आवाज सुनना), गंध, रोगी से बीमारी के बारे में पूछताछ, नब्ज देखना, शरीर को छूना-टटोलना आदि करते हैं ताकि रोग का कारण पता चल जाए और फिर उसे समूल समाप्त किया जा सके। इसलिए वे रोग के मूल कारण और लक्षणों की जांच कर इलाज करते हैं।

भ्रष्टाचार से लड़ कर और ईमानदार तथा स्वच्छ प्रशासन का समर्थन कर हम भ्रष्टाचार के मूल कारण और लक्षणों को पहचान पाते हैं और इसका इलाज है संस्थाओं को भ्रष्टाचार-मुक्त करना। संस्थाओं को भ्रष्टाचार मुक्त करने के बारे में जनरल सेक्रेटरी शी ने यह सुपरिचित सुनहरी सूक्ति दी है – *"सत्ता को नियम- कायदों के पिंजरे में बंद कर दो।"* लेकिन हम वास्तव में सत्ता को कैसे *नियम–कायदों के पिंजरे में बांध सकते हैं?*

हुआंग यिबिन के अनुसार –

सबसे पहले, हमें कायदे-कानूनों का एक कारगर पिंजरा बनाना होगा। दूसरा, हमारी मजबूत कार्यकारी क्षमता होनी चाहिए। इन दोनों कामों को समग्र रूप से जोड़ कर ही हम *"सत्ता को नियम-कायदों के पिंजरे में बंद कर सकते हैं।"* जनरल सेक्रेटरी शी जिनपिंग ने हमेशा भष्टाचार के खिलाफ संस्थागत लड़ाई और संस्थाओं को भ्रष्टाचार-मुक्त करने पर ज़ोर दिया है।

करीब 35 साल पहले, जब शी जिनपिंग ने झेंगडिंग काउंटी पार्टी कमेटी के सेक्रेटरी का कार्यभार संभाला तो उन्होंने कार्यकर्ताओं के काम का तरीका सुधारने के लिए नियम-प्रावधान बनाए। स्थानीय कर्मचारियों की कार्यशैली से जुड़ी समस्याएँ दूर करने के लिए जरूरी उपाय किए गए और इन्हें संस्थागत स्वरूप दिया गया। इसका गहरा और स्थायी असर पड़ा।

चीन की कम्युनिस्ट पार्टी की 18वीं राष्ट्रीय कांग्रेस के बाद से, कॉमरेड शी जिनपिंग के नेतृत्व वाली केंद्रीय कमेटी ने लोगों, वस्तुओं और धन के प्रबंधन के लिए अनेक प्रणालियां विकसित की गईं। पार्टी के अंदर, व्यवस्था को और बेहतर बनाने तथा कायदे-कानूनों का पिंजरा और मजबूत बनाने के लिए नियमों-प्रावधानों को तैयार करने तथा जारी करने पर ध्यान केन्द्रित किया गया। इस तरह समस्या के मूल कारण और लक्षणों को एक नये स्तर पर एक साथ लेते हुए काम किया गया जिससे संस्थागत रूप से पार्टी की कार्यशैली और साफ-सुथरी सरकार की धारणा मजबूत हुई।

तीन

भ्रष्टाचार की प्रवृत्ति ही न हो

"ज्यादा उम्र होने या पार्टी का वरिष्ठ सदस्य होने भर से स्वतः किसी अधिकारी या कर्मचारी में पार्टी के प्रति अपनेपन का भाव, सैद्धान्तिक चेतना और नैतिक भावना पैदा नहीं हो सकती। दूसरी ओर, सुधार तो आजीवन चलते रहते हैं। अच्छा कर्मचारी होने के लिए, अपने वैयक्तिक परिवेश को निरंतर नया स्वरूप देते रहने होगा और पार्टी के प्रति अपनेपन का भाव और बेहतर नैतिक स्तर के लिए प्रयास करते रहना होगा। पार्टी के सदस्यों को हमेशा सावधान रहते हुए 'छोटे-छोटे फायदों के लालच में फँसने से बचना होगा और पाँच रंगों की चमक-दमक के मोह में अंधा नहीं होना होगा।' उन्हें ईमानदार, परिश्रमी, साफ-सुथरा और दृढ़ चरित्रवान होना होगा।"

– शी जिनपिंग

यह उद्धरण 28 जून 2013 को नेशनल ऑर्गेनाइजेशन वर्क कॉन्फ्रेंस में जनरल सेक्रेटरी शी जिनपिंग के सम्बोधन से लिया गया है।

प्रोफेसर झाओ दोंगमेई के अनुसार –

"छोटे-छोटे फायदों के लालच में फँसने से बचना होगा और पाँच रंगों की चमक-दमक के मोह में अंधा नहीं होना होगा।" – यह उक्ति दो भागों में है। कन्फ्यूशियस ने कहा था, *"अधीर न हों, और छोटे–छोटे फायदे उठाने की लालच में न पड़ें। अधीर होने पर*

काम ठीक से नहीं होते। छोटे फायदों की लालच में महान कार्य नहीं हो सकते।" कन्फ्यूशियस के कथन का तात्पर्य था कि शासक को विकास के नियम का अवश्य सम्मान करना चाहिए लेकिन छोटे लाभों के लालच में भी नहीं फँसना चाहिए। छोटे फायदों के चक्कर में पड़ने वाले शासक महान लक्ष्य हासिल नहीं कर पाते।

अब हम इस उक्ति के दूसरे भाग को देखें। ये *"पांच रंग"* क्या हैं? *"पाँच रंग"* का कथन *लाओत्से* के *ताओ ते चिंग* से लिया गया है। यह कथन है – *"पांच रंग आँखों को अंधा कर देते हैं, पांच स्वर कानों को बहरा कर देते हैं, पांच स्वाद मुँह के स्वाद को समाप्त कर देते हैं।"*

अगर हम देखने, सुनने और खाने में अच्छी लगने वाली चीजों में ज्यादा लिप्त हो जाएँगे तो ये हमारी नज़र अथवा सुनने की शक्ति पर बुरा असर डालेंगी या हम मोटापे के शिकार हो जाएँगे। इसीलिए पुराने जमाने के लोग कहते थे कि *"छोटी-छोटी बातों पर ध्यान देना चाहिए।"*

प्राचीन चीनी विद्वानों के चरित्र-निर्माण और सामाजिक व्यवहार के लिए *"छोटी-छोटी बातों पर ध्यान देना चाहिए"* का सिद्धान्त बहुत महत्वपूर्ण था। उदाहरण के लिए, हम सभी बाओ झेंग (999–1062) के बारे में जानते हैं। वह ईमानदार और खरे अधिकारी, अच्छे पुत्र और वफादार दरबारी थे। हममें से अनेक को उनकी यह कविता याद होगी जिसमें वह अपने उच्च आदर्शों को व्यक्त करते हैं – *"अधिकारियों के प्रबंधन का आधार उनकी सोच में निहित है और ईमानदार होना चरित्र-निर्माण का सिद्धान्त है। चोटी तक पहुँचने के लिए अच्छी लकड़ी का स्तंभ होना चाहिए और खरे इस्पात को मामूली खूँटियाँ बनाने में बर्बाद नहीं किया जा सकता।"* बाओ झेंग हमेशा ईमानदार और खरे अधिकारी रहे।

उन्होंने ऐसा आकर्षक चरित्र कैसे बनाया? वह छोटी-छोटी चीजों पर पूरा ध्यान देते थे। वह तुच्छ लाभों के चक्कर में नहीं पड़ते थे और छोटे-छोटे मामलों की भी अनदेखी नहीं करते थे। मेट्रोपोलिटन स्तर पर सरकारी परीक्षा पास करने से पहले, वह अपने सहपाठी ली के साथ अपने शहर – लूजो में अपने पाठ दुबारा याद कर रहे थे। उसी दौर में, पास ही रहने वाला एक धनी व्यक्ति बाओ झेंग और ली को रोज़ अपने घर के पास से गुजरते हुए देखता था। उसे पता था कि वे दोनों ही पढ़ाई में अच्छे हैं और

उनका भविष्य उज्ज्वल है इसलिए वह उनसे दोस्ती करना चाहता था। उसने कई बार इन दोनों को अपने घर पर आमंत्रित भी किया लेकिन दोनों ने उसका निमंत्रण स्वीकार नहीं किया।

एक दिन उस धनी व्यक्ति ने एक दावत का आयोजन किया और अपने नौकर को बाओ झेंग और ली को बुलाने के लिए भेजा। निमंत्रण अस्वीकार करना अशिष्टता होगी, यह सोच कर ली जाने के लिए तैयार होने लगे। बाओ झेंग ने उन्हें रोका और बताया कि वे दोनों विद्वान हैं, इसलिए सरकारी अधिकारी भी बनेंगे। आज यह धनी व्यक्ति उन्हें दावत पर बुला रहा है। आज अगर वे उसके घर दावत खा कर उसका एहसान मान लेंगे तो भविष्य में उनके अधिकारी बन जाने पर वह धनी व्यक्ति कुछ बुरा काम करके उनकी मदद मांगेगा तो उनके लिए सिद्धांतों पर बने रहते हुए उसे मना कर पाना मुश्किल होगा। ली को भी बाओ झेंग की बात सही लगी और दोनों मित्रों ने निमंत्रण अस्वीकार कर दिया।

बाद में, वे दोनों वास्तव में अपने शहर – लूजो में अधिकारी बने। हम जानते हैं कि पुराने जमाने में अधिकारियों को उनके अपने शहर में तैनात करने पर पाबंदी थी। तथ्य यह है कि बाओ झेंग और ली को अपने ही शहर में अधिकारी बनाया गया, शायद इसका मतलब था कि उन्होंने अपने आधिकारिक पदों पर खुद को उत्कृष्ट बना लिया था और सम्राट को उन पर पूरा विश्वास था। लूजो में अपनी तैनाती के दौरान दोनों ने बहुत अच्छा काम किया और उन्होंने अपने सरकारी काम में कभी नातों-रिश्तों को आड़े नहीं आने दिया। अगर उन्होंने धनी व्यक्ति के घर दावत का न्यौता स्वीकार कर लिया होता और पहली दावत के बाद उससे उपहार ले लिए होते तो फिर उन्हें आगे भी दावतें तथा उपहार मिलते। सरकारी परीक्षा पास करने और धन तथा अधिकार हासिल करने के बाद जब भी वे अपने गृह-नगर में अधिकारी बनते तो उस धनी व्यक्ति के उन पर एहसान होते। अगर तब वह धनी व्यक्ति उनसे कुछ फायदा मांगता तो बाओ और ली उसकी नाराज़ी के संकोच की वजह से अपना काम ईमानदारी से नहीं कर पाते और अपने पदों पर सत्यनिष्ठा के साथ नहीं बने रह पाते।

दक्षिणी सोंग वंश काल के प्रख्यात विद्वान जू शी ने इस प्रसंग को बहुत महत्व दिया। जू शी खुद एक स्थानीय अधिकारी थे, इसलिए उन्हें पता था कि ऐसे मामलों पर क्या कुछ दांव पर लगा होता है। वह अपने शिष्यों को बाओ और ली का प्रसंग

सुनाते थे और अपनी इच्छाओं को काबू में रखने की सीख देते थे। वह उन्हें बताते थे कि कौन से काम नहीं करने चाहिए, कैसे ऊंचे आदर्श रखने चाहिए और कैसे अपने कार्यों के संभावित परिणामों का ध्यान रखना चाहिए। ऐसे आचरण से ही वे "छोटे-छोटे फायदों के लालच में फँसने से बचना होगा और पाँच रंगों की चमक-दमक के मोह में अंधा नहीं होना होगा" उक्ति का अनुसरण कर सकते हैं। वास्तव में, न केवल बड़े अधिकारी होने पर, बल्कि पार्टी सदस्य, कार्यकर्ता, अधिकारी अथवा आम नागरिक — कुछ भी होने पर, आपको लालचों का सामना करना ही पड़ेगा। सभी को लालचों का सामना करना ही पड़ता है। इसलिए हमें प्रत्येक छोटे मामले में भी अपने प्रति सख्त होना चाहिए और छोटे-छोटे फायदों पर फिसलना नहीं चाहिए, ताकि बड़ी चुनौती आने पर भी, हम संयमित रह सकें और कानून के अनुसार चलें।

भाग 10

इस धरती पर प्रतिभा की ही सत्ता है

天下之治在人才

1- प्रतिभा क्या है?

2- प्रतिभा को कैसे निखारा जाए?

3- प्रतिभा का उपयोग कैसे किया जाए?

भाग 10 के व्याख्याकार

प्रोफेसर कांग ज़ेन
बीजिंग नॉर्मल विश्वविद्यालय

और

प्रोफेसर वांग चीया
सेंट्रल पार्टी स्कूल

एक

प्रतिभा क्या है?

"जैसा कि कहावत है – *'प्रतिभा सदाचार की पूरक है और सदाचार प्रतिभा को निर्देशित करता है।'* लोगों को शिक्षित करने और प्रतिभा निखारने की समग्र शिक्षा में प्रतिभा-प्रशिक्षण की प्रक्रिया शामिल होनी चाहिए। इस प्रक्रिया का सार लोगों को शिक्षित करना है। सदाचार के बिना लोग स्वयं को विश्व में स्थापित नहीं कर सकते। इसलिए लोगों को शिक्षित करने का सार उनकी सत्यनिष्ठा को मजबूत करना है। यही प्रतिभा-प्रशिक्षण की द्वन्द्वात्मकता है।"

– शी जिनपिंग

यह उद्धरण 2 मई 2018 को पेकिंग विश्वविद्यालय में शिक्षकों और विद्यार्थियों के एक सेमिनार में जनरल सेक्रेटरी शी जिनपिंग के सम्बोधन से लिया गया है।

प्रोफेसर कांग ज़ेन के अनुसार –

"प्रतिभा सदाचार की पूरक है और सदाचार प्रतिभा को निर्देशित करता है।" – यह उक्ति उत्तरी सोंग वंश के दौर के प्रख्यात इतिहासकार सिमा गुआंग (1019–1086) के ग्रन्थ *ज़िझी तोंगजियान (कोंप्रेहेंसिव मिरर टू ऐड इन गवर्नेंस* अर्थात *शासन में सहायता के लिए समग्र दर्पण) – दि रिकॉर्ड ऑफ झोउ* से ली गई है। इसमें कहा गया है कि नैतिकता और सत्यनिष्ठा प्रतिभा को नेतृत्व देती हैं, जबकि प्रतिभा और योग्यता नैतिकता तथा सत्यनिष्ठा की पूरक भी हैं। अब मैं इन दोनों के बीच संबंध को स्पष्ट करता हूँ।

सिमा गुआंग ने अपनी पुस्तक में यह बात क्यों कही? इसके पीछे एक दुखद कहानी है।

वसंत तथा शरद काल (770–476 ई.पू.) में झी शुआंज़ी नाम का एक वरिष्ठ अधिकारी अपना पारिवारिक व्यवसाय चलाने के लिए उपयुक्त उत्तराधिकारी की तलाश में था। उसने झी याओ को चुना क्योंकि उसे वह सबसे योग्य पात्र लगा। लेकिन उसके कुल के एक सदस्य, झी गुओ ने इस निर्णय का कड़ा विरोध किया। उसका कहना था कि यह सही है कि झी याओ में असाधारण प्रतिभा है और ये पांच गुण भी हैं – (1) वह लंबा, बलशाली और सुंदर है। (2) वह प्रतिभाशाली तथा कार्यकुशल है। (3) वह बढ़िया घुड़सवार और तीरंदाज है। (4) वह निश्चित तरीके से निर्णय ले पाता है। (5) वह वाक्पटु भी है। इन सभी गुणों के आधार पर उसे एक उत्कृष्ट व्यक्ति कहा जा सकता है। लेकिन, झी गुओ ने कहा कि पांच गुणों के बावजूद, झी याओ में एक बहुत बड़ी कमी है जिसकी वजह से वह सुपात्र नहीं हो सकता। वह कमी क्या है? वह कमी है कि झी याओ दयालु और उदार नहीं है। झी याओ की सत्यनिष्ठा संदिग्ध है। झी गुओ ने झी शुआंज़ी को चेतावनी दी कि अगर वह झी याओ को अपना उत्तराधिकारी बनाएगा तो आगे बर्बादी ही होगी।

जैसी कि उम्मीद थी, झी याओ लालची और निष्ठुर निकला। उसके झी कुल के प्रमुख बनने के बाद पूरे कुल को सामाजिक बहिष्कार झेलना पड़ा। इसीलिए, सिमा गुआंग ने इस प्रसंग की चर्चा करते हुए अपनी पुस्तक में लिखा, *"प्रतिभा सदाचार की पूरक है और सदाचार प्रतिभा को निर्देशित करता है।'* झी याओ कैसे इस कुल को बर्बाद कर सका? क्योंकि उसका सदाचार उसकी प्रतिभा को सही राह नहीं दिखा सका, जिससे उसे असफलता मिली।

सिमा गुआंग ने आम लोगों को इस बात से आगाह किया कि वे आम तौर पर योग्यता और अच्छे चरित्र के बीच फर्क नहीं बता पाते और वे दोनों बातों को आपस में गड्ड-मड्ड कर देते हैं। संक्षेप में, वे सोचते हैं कि कोई व्यक्ति बहुत योग्य और सदाचारी हो सकता है अथवा दूसरा व्यक्ति बहुत सक्षम हो सकता है। सिमा गुआंग ने बताया कि प्रतिभा और सदाचार एक ही बात नहीं हैं। दोनों एक-दूसरे से अलग-अलग हैं। प्रतिभा सदाचार की पूरक है और सदाचार प्रतिभा को निर्देशित करता है।

इसके बाद सिमा गुआंग ने एक महत्वपूर्ण बात कही। उन्होंने कहा, "अगर किसी व्यक्ति

में प्रतिभा और सदाचार दोनों हैं तो वह विद्वान है; अगर उसमें दोनों ही खूबियाँ नहीं हैं तो वह मूर्ख है; अगर वह सदाचारी लेकिन प्रतिभा-रहित है तो उसे सज्जन व्यक्ति कहा जा सकता है; अगर वह प्रतिभाशाली है पर सदाचारी नहीं है, तो वह खलनायक है।" सिमा गुआंग की दृष्टि में, प्रतिभा निश्चय ही महत्वपूर्ण है लेकिन सदाचार उससे भी ज्यादा महत्वपूर्ण है। किसी व्यक्ति में सदाचार और योग्यता – दोनों ही होने चाहिए, लेकिन इनमें भी प्राथमिकता सदाचार को दी जानी चाहिए।

सिमा गुआंग महान इतिहासकार के साथ-साथ, महान राजनीतिज्ञ भी थे। सोंग वंश के युआनयौ काल के दौरान, सिमा गुआंग सम्राट ज़ेज़ोंग के प्रधानमंत्री थे। उन्होंने एक प्रतिभाशाली व्यक्ति – लियु अंशी को सचिवालय में नियुक्त किया। लियु अंशी के नियुक्त हो जाने के बाद सिमा गुआंग ने उससे पूछा कि क्या वह जानता है कि उसकी पदोन्नति क्यों की गई है। लियु अंशी ने अनभिज्ञता प्रकट करते हुए कहा कि वह ईमानदार व्यक्ति है और काम निकालने के लिए किसी से जान-पहचान करने का उसका कोई इरादा नहीं है।

सिमा गुआंग ने आगे बताया कि जब शाही दरबार ने उन्हें पदावनत कर दिया था और वह घर बैठे कुछ नहीं कर रहे थे, उस समय लियु अंशी अक्सर उनके पास आता था और विभिन्न समस्याओं के बारे में चर्चा करता था। लेकिन उनके प्रधानमंत्री बनने के बाद लियु अंशी न उनसे मिलने आया, न उसने उन्हें कोई पत्र ही लिखा। उसके ऐसे आचरण को देख कर सिमा गुआंग को पता चला कि वह सदाचारी और सच्चा व्यक्ति है। इसके साथ ही, वह योग्य भी है। अपने ग्रन्थ – *ज़िझी तोंगजियान* में, सदाचार के बारे में चर्चा करते हुए, सिमा गुआंग ने ये स्पष्ट विचार व्यक्त किए। उन्होंने इस ऐतिहासिक प्रसंग के जरिए हमें एक पाठ पढ़ाया। साथ ही, उन्होंने स्वयं भी वैसा ही आचरण किया, जिसकी उन्होंने सीख दी और आने वाली पीढ़ियों के लिए एक उदाहरण प्रस्तुत किया।

प्रोफेसर वांग चीया के अनुसार –

चीनी संस्कृति में सदाचार को बहुत महत्व दिया गया है और पूरे इतिहास में नैतिक मूल्यों को सर्वोच्च माना गया है। प्राचीन चीनी विद्वानों ने प्रतिभा और सदाचार के आपसी

संबंध के बारे में अनेक तुलनाएं की हैं। कुछ ने सदाचार की *धारा का उद्गम और पेड़ की जड़"* से तुलना की है। कुछ विद्वानों ने प्रतिभा की तुलना *"पानी की लहरों और पेड़ के पत्तों"* से की है। कुछ ने सदाचार की तुलना *"परिवार के स्वामी"* और प्रतिभा की तुलना *"परिवार के नौकर"* से की है। इन सभी तुलनाओं से पता चलता है कि सदाचार प्रतिभा से अधिक महत्वपूर्ण है। प्रतिभा के बारे में जनरल सेक्रेटरी शी जिनपिंग के अनेक महत्वपूर्ण भाषणों के अध्ययन के बाद, मुझे लगता है कि ये पांच बातें सबसे ज्यादा महत्वपूर्ण हैं –

1) अपने देश तथा देशवासियों से प्रेम करें

चियान शुएसेन ने अमेरिका में अध्ययन किया जहाँ उन्हें बढ़िया वेतन मिलता था और उनकी जिंदगी शान-शौकत वाली थी। लेकिन नये चीन की स्थापना के बाद वह सारे बंधन तोड़ कर अपनी मातृभूमि लौट आए।

हम कहते हैं कि विज्ञान की कोई राष्ट्रीय सीमाएं नहीं होतीं, लेकिन वैज्ञानिकों की भी अपनी मातृभूमि तो होती ही है। चियान शुएसेन के उदाहरण से हम देखते हैं कि स्वयं को मातृभूमि की सेवा में समर्पित कर देने की उनकी भावना कितनी सच्ची और मजबूत थी।

2) विचार और आस्थाएं

झोउ एन लाइ जब युवा थे, उस समय साम्राज्यवादी ताकतें चीन पर आक्रमण कर रही थीं, चीन के लोग मारे जा रहे थे और चीनी सभ्यता नष्ट की जा रही थी। उस समय झोउ "चीन के उत्थान के लिए अध्ययन करने के प्रति" कृतसंकल्प थे। आज अगर हमें सफल होना है तो हमारे आदर्श तथा लक्ष्य महान होने चाहिए, अन्यथा हम कुछ भी हासिल नहीं कर पाएंगे।

3) ठोस काम करें और कड़ी मेहनत करने को तत्पर रहें

फालतू बातें करने से देश का नुकसान होता है, जबकि कड़ी मेहनत करने से देश खुशहाल होता है। ली बाओगुओ (1958–2016) की ताइहांग पर्वत के "न्यू फुलिश मैन"

के रूप में सराहना की जाती थी। कुछ लोग उन्हें "किसान प्रोफेसर" भी कहते थे। हेबेई कृषि विश्वविद्यालय के प्रोफेसर पद पर कार्य करते हुए वह अध्ययन तथा शोधकार्य में संलग्न रहते थे। उन्होंने अपना जीवन आम लोगों की भलाई के लिए समर्पित कर दिया।

उन्होंने 35 साल की अवधि में आठ सौ प्रशिक्षण सत्र आयोजित किए और 90 हजार से ज्यादा लोगों को प्रशिक्षित किया। उनमें से कई तो कृषि प्रौद्योगिकी के बारे में पहले कुछ भी नहीं जानते थे लेकिन प्रशिक्षण के बाद इस क्षेत्र में बेहद कुशल हो गए। ली बाओगुओ ने अपनी प्रतिभा, ज्ञान और कड़ी मेहनत से लोगों के मन में अपने लिए एक स्मारक बना लिया।

4) सुधार और नई पहल (नवाचार) करना

चीनी संस्कृति में इस बात पर ज़ोर दिया गया है कि "अगर आप स्वयं को एक दिन में नया स्वरूप दे सकते हैं तो रोज़ अपने को नया स्वरूप दें। नया स्वरूप देने का काम रोज़ाना होना चाहिए।" साथ ही, "जब परिवर्तनों की शृंखला चल चुकी होती है तो एक और परिवर्तन हो जाता है, और जब इसकी खुली लगाम हो जाए तो यह सिलसिला लंबे समय तक चलेगा।" ये सभी कथन सुधार और नवाचारों के महत्व पर बल देते हैं।

जनरल सेक्रेटरी शी जिनपिंग का कथन है, "केवल सुधारों के जरिए ही हम आगे बढ़ सकते हैं, मजबूत हो सकते हैं और विजयी हो सकते हैं।" यह कथन सुधारों और नवाचारों के महत्व को बताता है। "विश्व में संकर चावल के पिता" कहे जाने वाले यूआन लोंगपिंग के कार्य को आधुनिक सुधार और नवाचार कार्यक्रम का उदाहरण माना जा सकता है। धान की पौध को बेहतर बनाने की अपनी समझ बढ़ाने के लिए उन्होंने अनेक वर्ष तक अथक परिश्रम किया। उन्होंने ज्यादा और लगातार स्थायी उपज देने वाली धान की अनेक किस्में विकसित कीं। चीन की खाद्य सुरक्षा को मजबूत बनाने में उनका अमूल्य योगदान रहा। सुधार और नई पहल की चेतना ने उन्हें निरंतर आगे बढ़ने को प्रेरित किया।

5) जिम्मेदारी उठाना

जनरल सेक्रेटरी शी जिनपिंग ने इस बात पर ज़ोर दिया है कि "कोई व्यक्ति जितनी

अधिक जिम्मेदारियां लेगा, उतना ही अधिक वह कार्य कर पाएगा; जो जितना अधिक अपने कर्तव्य का पालन करेगा, उतनी ही अधिक उपलब्धियां हासिल कर पाएगा।"

1980 के दशक में कॉमरेड शी जिनपिंग हेबेई प्रांत की जेंगडिंग काउंटी में कार्यरत थे। उन्होंने काम के प्रति व्यावहारिक और यथार्थपरक दृष्टिकोण अपनाया। उन्होंने न केवल ऊपर से आए आदेशों का पालन किया, बल्कि उन्हें वास्तविक परिस्थितियों के अनुरूप ढाला। इस तरह, उन्होंने देश के आर्थिक विकास की मजबूत बुनियाद रखी। कोई भी काम यदि देश के विकास के लिए हितकारी होता था, तो वह इसे निश्चित रूप से और अच्छी तरह से पूरा करवाते थे, चाहे वह कार्य कितना भी कठिन हो। यही तो जिम्मेदारी संभालने का पुख्ता उदाहरण है।

दो

प्रतिभा को कैसे निखारा जाए?

"सभी प्राचीन राजवंशों ने कर्मचारियों के सही चयन और नियुक्ति को बहुत महत्व दिया है। बहुत पहले ही, प्राचीन काल के विद्वानों ने इस ऐतिहासिक सत्य को सटीक शब्दों में व्यक्त किया था कि *'प्रधानमंत्री को एक कस्बे के कर्मचारी के काम का अनुभव होना चाहिए और एक बहादुर जनरल को सामान्य सिपाही के रूप में काम करने का अनुभव होना चाहिए।'* इतिहास में, अनेक प्रख्यात और श्रेष्ठ जनों ने अपना सरकारी जीवन किसी काउंटी के कर्मचारी के रूप में प्रारम्भ किया।"

– शी जिनपिंग

यह उद्धरण 12 जनवरी 2015 को सेंट्रल पार्टी स्कूल की काउंटी पार्टी कमेटी के सेक्रेटरी की स्टडी क्लास के विद्यार्थियों के एक सेमिनार में जनरल सेक्रेटरी शी जिनपिंग के सम्बोधन से लिया गया है।

प्रोफेसर कांग ज़ेन के अनुसार –

"प्रधानमंत्री को एक कस्बे के कर्मचारी के काम का अनुभव होना चाहिए और एक बहादुर जनरल को सामान्य सिपाही के रूप में काम करने का अनुभव होना चाहिए।" – यह उक्ति *हानफैजी: शिआन शुए* से ली गई है। इसका तात्पर्य है कि अगर आप प्रधानमंत्री बनना चाहते हैं तो आपको पहले सरकारी तंत्र के ज़मीनी स्तर पर काम करना होगा।

अगर आप जनरल बनना चाहते हैं तो आपको स्क्वाड्रन, प्लाटून, कंपनी, और असिस्टेंट जनरल के स्तरों पर काम करना होगा।

प्रतिभा और पद की वृद्धि बड़े भवनों की तरह है जो ज़मीन से ऊपर उठना शुरू करते हैं। बुनियाद बहुत महत्वपूर्ण है, अगर वह मजबूत नहीं होगी तो भवन जितने ऊंचे बनेंगे, उतनी ही तेजी से वे ढह जाएँगे। जिन्हें महानता हासिल करने की इच्छा है, उन्हें सबसे निचले स्तर से शुरू करना होगा। प्रतिभा को निखारने के बारे में शी जिनपिंग का यह बहुत महत्वपूर्ण कथन है।

प्रोफेसर वांग चीया के अनुसार –

ज़मीनी स्तर पर अनुभव हासिल करने की बात से हमारे प्राचीन विद्वान लाओत्से का यह कथन याद आता है – "ऐसा विशाल वृक्ष जिसके तने को भुजाओं में नहीं समेटा जा सकता, वह भी एक नन्हें से अंकुर से जन्म लेता है, एक नौ-मंजिला भवन की शुरुआत मिट्टी के एक ढेले से होती है और हजार मील की यात्रा पहले कदम से शुरू होती है।" इसका तात्पर्य है कि ऊंची इमारतें ज़मीन से ऊपर की ओर बननी शुरू होती हैं। ज़मीन बुनियाद है। अगर बुनियाद मजबूत नहीं होगी तो ज़मीन दरक जाएगी और पहाड़ तक हिलने लगेंगे।

प्रतिभा को निखारने के बारे में मुझे तीन बातें कहनी हैं।

पहली बात, प्रतिभाशाली होने के लिए पढ़ना और सीखना जरूरी है।

जनरल सेक्रेटरी शी जिनपिंग ने नवम्बर 2012 में एक कहानी सुनाई। उन्होंने बताया कि एक बार एक व्यक्ति अपने घर में बड़ी शिद्दत से कुछ लिख रहा था। वास्तव में, वह अनुवाद का कुछ काम कर रहा था। उसे थका हुआ देख कर उसकी माँ उसके लिए कुछ *ज़ोंगज़ी* (ड्रेगन बोट फेस्टिवल में खाए जाने वाले चावल के पकौड़े) और ब्राउन शुगर का घोल ले आई। उसने अपने बेटे से कहा कि वह *ज़ोंगज़ी* को चीनी वाले घोल में डुबो कर खाए। बेटे ने कहा, "ठीक है।" थोड़ी देर बाद माँ देखने आई कि बेटे ने *ज़ोंगज़ी* खाए कि नहीं। उसने देखा कि बेटे का मुँह काला हो गया है। दरअसल, बेटा

ज़ोंगज़ी चीनी के घोल की बजाय स्याही में डुबो कर खा गया। माँ के बताने पर उसका ध्यान इस ओर गया।

कम्युनिस्ट मैनीफेस्टो का चीनी भाषा में सबसे पहला अनुवाद इसी युवा ने किया था। उसका नाम चेंग वांगदाओ था। तभी यह कहावत बनी कि *"सत्य बहुत मीठा लगता है।"* इसका तात्पर्य है कि बिना पढ़े या समझे कोई प्रतिभाशाली नहीं हो सकता।

दूसरी बात, प्रतिभाशाली होने के लिए निरंतर अभ्यास जरूरी है।

क्षमता अभ्यास से आती है और प्रतिभा अनुभव और कड़े परिश्रम से आती है। निचले स्तर की अनेक इकाइयां प्रतिभा को पनपाने के लिए स्थायी उर्वर ज़मीन का काम करती हैं। प्राचीन काल से अब तक, जिन्होंने भी बड़े काम किए हैं, उनमें से ज़्यादातर का ज़मीनी स्तर पर काम करने का अनुभव रहा है। जनरल सेक्रेटरी शी जिनपिंग ने भी अपने कई दशक के अनुभव से यह बात सिद्ध की है।

जब किसी अधिकारी का ज़मीनी स्तर पर काम का अनुभव होता है, तब वह जो फैसले लेता है अथवा समस्याओं को सुलझाने के तरीके सोचता है तो वह ज़मीनी स्तर के अनुरूप काम कर सकता है क्योंकि उसे लोगों की रोज़ी-रोटी और देश की स्थिति के बारे में जानकारी होती है।

तीसरी बात, प्रतिभा के विकास के लिए उपयुक्त माहौल बनाया जाना जरूरी है।

जनरल सेक्रेटरी शी जिनपिंग ने कहा है – *"अगर माहौल अच्छा होगा तो प्रतिभाशाली लोग इकट्ठा होंगे और उन्हें अच्छी तरक्की वाले काम मिलेंगे। माहौल खराब होने पर प्रतिभाशाली लोग बिखर जाएँगे और उनके कैरियर बिगड़ जाएँगे।"* इससे पता चलता है कि प्रतिभा के विकास के लिए प्रतिभाशाली लोगों के बीच रहना कितना महत्वपूर्ण है।

तीन

प्रतिभा का उपयोग कैसे किया जाए?

"एक उक्ति है, *'असाधारण कार्य करने के लिए असाधारण व्यक्तियों का इंतजार करना ही पड़ेगा।'* वैज्ञानिक और प्रौद्योगिकीय नवाचारों के लिए सक्षम व्यक्तियों का होना सबसे ज्यादा आवश्यक है। नई-नई पहल करने ले लिए ऐसी पहल करने में समर्थ प्रतिभाओं का होना जरूरी है। ऐसी प्रतिभाओं का सम्मान करने की सुदीर्घ चीनी परंपरा रही है।"

– शी जिनपिंग

यह उद्धरण 9 जून 2014 को चाइनीज़ अकेडमी ऑफ साइंसिस की 17वीं अकेडमिक कांग्रेस और चाइनीज़ अकेडमी ऑफ इंजीनियरिंग की 12वीं अकेडमिक कांग्रेस के उद्‍घाटन समारोह में जनरल सेक्रेटरी शी जिनपिंग के सम्बोधन से लिया गया है।

प्रोफेसर कांग ज़ेन के अनुसार –

"असाधारण कार्य करने के लिए असाधारण व्यक्तियों का इंतजार करना ही पड़ेगा" – यह उक्ति हान वंश के दौर के इतिहासकार बान गू की पुस्तक *बुक ऑफ हान – दि बायोग्राफी ऑफ एम्परर वू* से ली गई है। इस सूक्ति की पृष्ठभूमि क्या है? युआनफेंग के पांचवें वर्ष अर्थात 106 ई.पू. में सम्राट वू ने एक आदेश जारी कर सभी प्रीफैक्चर अधिकारियों को शाही दरबार के लिए प्रतिभाशाली लोगों के नामों की संस्तुति करने को कहा। सम्राट को किस प्रकार की प्रतिभाओं की आवश्यकता थी? असाधारण कार्यों को

सम्पन्न करने के लिए उन्हें भरोसेमंद और असाधारण प्रतिभाशाली लोगों की आवश्यकता थी।

वास्तव में इस कहावत का भी एक इतिहास है। युआनफेंग के पांचवें वर्ष से बीस साल पहले पश्चिमी हान वंश काल में हान फू (विवरणात्मक गद्य के बीच-बीच में कविता की पंक्तियों वाली) लेखन-शैली के प्रख्यात लेखक सिमा शियानग्रू (179–118 ई.पू.) ने सम्राट वू को एक ज्ञापन दिया जिसमें दक्षिण-पश्चिमी सीमावर्ती क्षेत्र की प्रतिरक्षा की बात कही गई थी। उन्होंने अपनी राय रखते हुए पांच बार "असाधारण" शब्द का प्रयोग किया था। उनके ज्ञापन में कहा गया था, *"असाधारण कार्यों के लिए असाधारण लोगों की आवश्यकता होती है। असाधारण कार्य करके ही कोई व्यक्ति असाधारण योगदान कर सकता है। अतः असाधारण व्यक्ति सामान्य व्यक्ति से अलग होता है।"* सम्राट वू ने इस ज्ञापन में पांच बार "असाधारण" शब्द के इस्तेमाल पर बहुत ध्यान दिया और बीस वर्ष बाद इस कथन को संक्षेप में इस तरह प्रस्तुत किया, *"असाधारण कार्य करने के लिए असाधारण व्यक्तियों का इंतजार करना ही पड़ेगा।"*

प्रोफेसर वांग चीया के अनुसार –

प्रतिभा का उपयोग कैसे किया जाए, इस बारे में मुझे तीन बातें कहनी हैं।

पहली बात, हमें लोगों को किसी काम में लगाने में सही दिशा-निर्देशों का पालन करना चाहिए। जनरल सेक्रेटरी शी का कथन है कि किसी व्यक्ति को किसी कार्य के लिए चुनने के दिशा-निर्देश सबसे अधिक महत्वपूर्ण, बुनियादी और कारगर साधन हैं। प्रीफैक्चर और काउंटी-स्तर पर सुप्रबंध होने से देश में शांति बनी रहती है। जनरल सेक्रेटरी शी ने काउंटी पार्टी सेक्रेटरी नियुक्त करने को बहुत महत्वपूर्ण माना है। 2015 में, चीन की कम्युनिस्ट पार्टी की केंद्रीय कमेटी ने 102 काउंटी पार्टी सेक्रेटरियों के नामों की संस्तुति की और उनमें से कुछ ने उच्च-स्तर के नेतृत्व वाले पद संभाले। लियाओ जुनबो (1968–2017) उनमें से एक थे। उन्होंने आम लोगों के कल्याण पर ध्यान दिया और कड़ी मेहनत से स्थानीय पार्टी सदस्यों का नेतृत्व किया। वह उदार-हृदय, सच्चे और ईमानदार कार्यकर्ता थे। उन्होंने अपने परिवारजनों से कोई फायदा न उठाने और कड़ी मेहनत से समाज के प्रति योगदान करने को कहा। इसीलिए वह स्थानीय पार्टी

सदस्यों और कर्मचारियों के मन में बस गए। अनेक स्थानीय जन और पार्टी सदस्य आज भी उन्हें बहुत याद करते हैं।

मुझे लगता है कि सही निर्देश मिलने पर लियाओ जुनबो जैसे दूसरे अग्रणी नेता आधुनिक चीनी समाज में आगे आएंगे।

दूसरा, किसी व्यक्ति को किसी कार्य के लिए चुनने में उसके कमज़ोर पक्षों को न देखते हुए, उसके मजबूत पक्षों का पूरा इस्तेमाल करना चाहिए। हर शराब में कुछ तलछट तो होती ही है। जनरल सेक्रेटरी शी ने बताया कि किसी को किस पद पर नियुक्त किया जाए, यह निश्चित करते समय उस पद के कार्य की जरूरतें ध्यान में रखनी चाहिए। काम की प्रकृति को देख कर ही व्यक्ति का चयन किया जाना चाहिए। किसी पद को मात्र किसी कार्यकर्ता को पुरस्कृत करने के लिए नहीं दिया जाना चाहिए। अपनी बात को स्पष्ट करने के लिए उन्होंने चिंग वंश के दौर के कवि गु सिशी की एक कविता के अंश उद्धृत किए, *"एक अच्छा घोड़ा खतरनाक रास्तों से गुजर सकता है, लेकिन वह बैल की तरह खेत नहीं जोत सकता; एक मजबूत गाड़ी भारी सामान ले जा सकती है, लेकिन इससे नाव की तरह नदी को पार नहीं किया जा सकता है।"*

तीसरी महत्वपूर्ण बात यह है कि सभी प्रकार के प्रतिभाशाली व्यक्तियों का चयन करें। दूरदृष्टि से सम्पन्न सभी विद्वानों ने प्रतिभा के चयन में एक ही तरीके के लोग नहीं चुनने की सलाह दी है। आज अगर हम किसी खास काम के लिए किसी को चुनते हैं तो हमें उसकी औपचारिक शिक्षा, सामाजिक स्तर, योग्यताओं और नौकरी के रिकॉर्ड पर जरूरत से ज्यादा ज़ोर नहीं देना चाहिए, बल्कि उदार मन से लोगों को उनकी योग्यता के आधार पर चुनने के लिए तैयार रहना चाहिए और देश के हर हिस्से से बुद्धिमान और सत्यनिष्ठा वाले व्यक्तियों को नियुक्त करना चाहिए।

भाग 11

हरे पर्वतों में मजबूती से जड़ें जमाए रहें

咬定青山不放松

1- आदर्शों और विश्वासों की जरूरत क्यों है?

2- कैसे आदर्श और विश्वास स्थापित किए जाने चाहिए?

3- आदर्शों और विश्वासों पर कैसे टिके रहना चाहिए?

भाग 11 के व्याख्याकार

प्रोफेसर मेंग मैन
मिनज़ू यूनिवर्सिटी ऑफ चाइना

और

प्रोफेसर शु चुआन
सेक्रेटरी, सीपीसी जनरल ब्रांच ऑफ दि मार्क्सिस्म स्टडीज,
नानजिंग यूनिवर्सिटी ऑफ एयरोनॉटिक्स एंड एस्ट्रोनॉटिक्स

एक

आदर्शों और विश्वासों की जरूरत क्यों है?

"आदर्श और विश्वास लोगों की आकांक्षाओं से जुड़े हैं। एक प्राचीन विद्वान का कथन है – *'आकांक्षा कहीं भी पहुँच सकती है चाहे वह स्थान कितना भी दूर हो, चाहे पहाड़ों और सागरों के पार हो; यह कितने भी कठोर रक्षात्मक आवरण को भेद सकती है, चाहे वह सबसे मजबूत कवच और ढाल ही क्यों न हो।'* इससे पता चलता है कि व्यक्ति के आदर्श अगर महान हों तो वे कितने अपराजेय हो सकते हैं। चीन की क्रांति, विकास और सुधारों के दौर में पार्टी के अनेक सदस्यों ने पार्टी और देश के हित में अपने जीवन की कुर्बानी दी। अपने क्रांतिकारी आदर्शों को सर्वोच्च महत्व देने के उनके जज्बे ने उन्हें नैतिक शक्ति और सहारा दिया।"

– शी जिनपिंग

यह अनुच्छेद 28 जून 2013 को नेशनल कॉन्फ्रेंस ऑफ ऑर्गेनाइजेशनल वर्क में जनरल सेक्रेटरी शी जिनपिंग के सम्बोधन से लिया गया है।

प्रोफेसर मेंग मैन के अनुसार –

इस अनुच्छेद की यह उक्ति चिंग राजवंश के दौर के विद्वान जिन यिंग द्वारा संकलित पुस्तक *कलेक्टेड मेक्सिम्स* से ली गई है। *कलेक्टेड मेक्सिम्स* वर्तमान काल के 'एन्साइक्लोपीडिया ऑफ वेल-नोन सेइंग्स एंड एडेजिस' जैसा संकलन है। जनरल

सेक्रेटरी शी ने इस उक्ति का उल्लेख क्यों किया? इस उक्ति का उल्लेख करते समय वह दृढ़ संकल्प के साथ काम करने की बात कर रहे थे। हम अक्सर "महान आकांक्षाओं" की बात करते हैं। आकांक्षाएँ कितनी बुलंद हो सकती हैं? *कलेक्टेड मेक्सिम्स* के अनुसार, ऐसी कोई जगह नहीं है जहाँ मनुष्य नहीं पहुँच सकता। *बुक ऑफ डॉक्यूमेंट्स* की मूल पुस्तक की एक उक्ति इस प्रकार है, *"गुणवान व्यक्ति की पहुँच से बाहर कोई भी चीज नहीं है।"* इसका तात्पर्य है कि मनुष्य की नैतिक सत्यनिष्ठा से आकाश-पाताल एक हो सकते हैं और नैतिक शक्ति और सद्गुणों से कुछ भी हासिल किया जा सकता है। वास्तव में, न केवल नैतिक सत्यनिष्ठा, बल्कि आकांक्षा में भी यही शक्ति है। तो आकांक्षा का कितना विस्तार हो सकता है? *कलेक्टेड मेक्सिम्स* में दो स्पष्ट छवियां दी गई हैं — "पहाड़ों और सागरों के भी पार", "आसमान के भी परे" और "समुद्र के चारों कोनों के भी पार।" हमारी आकांक्षा पर्वत-शिखरों और सागरों को भी पार कर सकती है। अगर हम आगे बढ़ने को कृतसंकल्प हैं तो पहाड़ और सागर भी हमें नहीं रोक सकते। यह तो दूरी अर्थात विस्तार के बारे में है।

इस उक्ति का दूसरा भाग गहनता के बारे में है। यह भी एक मुहावरा ही है कि *"यह कितने भी कठोर रक्षात्मक आवरण को भेद सकती है, चाहे वह सबसे मजबूत कवच और ढाल ही क्यों न हो।"* हम "सब पर विजयी होने" के बारे में बात करते हैं। इसका तात्पर्य है कि कोई भी ठोस चीज ऐसी नहीं है जो तोड़ी नहीं जा सके। ये ठोस चीजें क्या हैं? *कलेक्टेड मेक्सिम्स* का लेखक दो छवियां प्रस्तुत करता है — तेज धार वाले हथियार और बढ़िया ढाल। तेज धार वाले हथियारों के सामने आकांक्षा की क्या भूमिका है? वह कवच की है। हथियार कितना भी तेज क्यों न हो, वह कवच को नहीं भेद सकता। कवच के सामने आकांक्षा की क्या भूमिका है? वह तेज धार वाले हथियार की है। कवच कितना भी मजबूत हो, तेज धार वाला हथियार उसे भेद ही देता है। इसीलिए कहा गया है कि कोई भी ताकत आकांक्षा की ताकत का मुकाबला नहीं कर सकती।

आकांक्षा की ताकत इतनी बड़ी कैसे हो जाती है? यह समझना काफी सरल है। आकांक्षा के लिए एक विराट शब्द है — "आदर्श।" दूसरा साधारण लगने वाला शब्द "लक्ष्य" है। आदर्श और लक्ष्य होने पर ही आकांक्षा पैदा होती है और ऐसी जगह जाने और ऐसा कुछ करने का साहस आता है जिसकी साधारण लोग कल्पना भी नहीं कर सकते। उदाहरण के लिए, *बुक ऑफ लेटर हान – बायोग्राफी ऑफ गेंग यान* में जनरल गेंग यान

के बारे में एक प्रसंग है। पश्चिमी हान वंश के बाद के वर्षों में पूरे देश में अराजकता छाई थी। उस समय गेंग यान 21 वर्ष का एक युवा था। वह लिओ शियू (पूर्वी हान वंश का संस्थापक) के पास नानयांग गया और उसकी विद्रोही सेना में भर्ती हो गया। उसने लिओ शियू से हारे हुए हेबेई प्रांत को फिर से हासिल करने का प्रयास करने का आग्रह किया, ताकि वहाँ से वे शाही सेना को हरा सकें और देश में फिर से शांति कायम हो सके। उस समय लिओ शियू के पास छोटी सी सेना थी और युवा गेंग यान को भी कोई नहीं जानता था। इसलिए सभी को लगा कि वह बढ़-चढ़ कर एक असंभव बात कर रहा है। लेकिन गेंग यान की आकांक्षा बड़ी प्रबल थी जिसने उसे मृत्यु से भी नहीं डरने वाला साहस दिया था। उदाहरण के लिए, जब उसकी टुकड़ी ने शानदोंग पर हमला किया था तो उसके पैर में शत्रु का तीर लगा। उसने अपनी तलवार से तीर का सिरा काट डाला और लड़ता रहा। अपने साहस और जान की परवाह न करने के कारण वह एक अपराजेय सेनानायक बन गया। हेबेई प्रांत को फिर से हासिल करने, शाही सेना को हराने और देश में शांति स्थापित करने में लिओ शियू की मदद करने के उसके सभी लक्ष्य पूरे हुए। इसीलिए, उसे देखकर लिओ शियू ने भावुक होकर कहा, "जहाँ इच्छाशक्ति होती है, वहाँ राह निकाल ही आती है।" तभी से यह सुपरिचित मुहावरा चल पड़ा।

वास्तव में, गेंग यान की कहानी की तरह ही हम अन्य कहानियों से भी सुपरिचित हैं जैसे कि यूए प्रांत के राजा गौजियान, जिन्होंने राष्ट्रीय अपमान को मिटाने के अपने दृढ़ संकल्प को मजबूत करने के लिए स्वयं को अनंत कठिनाइयां दीं। सिमा चियान ने निष्ठा के साथ *रिकॉर्ड्स ऑफ ग्रेंड हिस्टोरियन* लिखा और जू दी ने विद्रोहियों को दृढ़ता से दबाने का संकल्प लिया। जहाँ दूसरे लोग विफल हुए, वहाँ वे इसलिए सफलता पा सके क्योंकि उनमें साहस तथा इच्छाशक्ति जुटा पाने की आकांक्षा थी। जनरल सेक्रेटरी शी ने महान आदर्शों का अनुसरण करने के प्रसंग में इस कथन का उल्लेख किया था। समय चाहे क्रांतिकारी युद्ध का हो या सुधारों का, हमारे आदर्श और विश्वास महान होने चाहिए। हमें संघर्ष की इच्छाशक्ति को प्रेरित करने के लिए महान आदर्श और विश्वास चाहिए तभी हम दूर से दूर स्थित लक्ष्य तक पहुँच सकते हैं और कड़े से कड़े प्रतिरोध को भेद सकते हैं।

दो

कैसे आदर्श और विश्वास स्थापित किए जाने चाहिए?

"पारंपरिक चीनी संस्कृति विस्तृत और गहन है और इसके विभिन्न विचारों को समझना और ग्रहण करना जीवन और मूल्य-चेतना के बारे में एक सही वैश्विक दृष्टिकोण बनाने में मदद करता है। हमारे पूर्वजों ने बताया था कि हमारी आकांक्षाएँ इस प्रकार की होनी चाहिए – राजनीति में – *'राज्य के मामलों की सबसे पहले चिंता करना और अपनी खुशियाँ बनाने के बारे में अंत में सोचना'*; देशभक्त के रूप में – *'अपना पद कितना भी छोटा क्यों न हो, देश की विपत्ति की कभी अनदेखी न करना'*; और *'देश के संकट में होने पर, अपने सौभाग्य या दुर्भाग्य की परवाह किए बगैर, देश की रक्षा करने के हरसंभव प्रयास करना'*; सत्यनिष्ठा के बारे में – *'यश की कामना अथवा धन-संपत्ति के लालच में कभी भ्रष्ट न होना, मामूली पारिवारिक पृष्ठभूमि और गरीबी के बावजूद सिद्धांतों पर अडिग रहना और कभी किसी दबाव या धमकी के आगे न झुकना'*; निस्वार्थ समर्पण-भावना के बारे में – *'इतिहास के पृष्ठों पर चमकदार जगह बनाते हुए एक वफादार दिल के साथ जान दे सकना'* और *'दिल की आखिरी धड़कन तक अपना सब कुछ समर्पित कर देना।'* ये सभी कथन चीन राष्ट्र की महान परम्पराओं और भावना को व्यक्त करते हैं। हमें इन्हें सजीव बनाए रखना है और आगे भी विकसित करना है।"

– शी जिनपिंग

यह उद्धरण 1 मार्च 2013 को सेंट्रल पार्टी स्कूल की 90वीं वर्षगांठ और स्प्रिंग सेमेस्टर के प्रारम्भ के अवसर पर जनरल सेक्रेटरी शी जिनपिंग के सम्बोधन से लिया गया है।

प्रोफेसर मेंग मैन के अनुसार –

"अपना पद कितना भी छोटा क्यों न हो, देश की विपत्ति की कभी अनदेखी न करना"
– यह उक्ति दक्षिणी सोंग वंश के प्रमुख देशभक्त कवि लू योउ (1125–1210 ई.) की कविता *माइ रिटन एस्पिरेशन्स आफ्टर रिकवरी फ्रॉम इलनेस* से ली गई है। यह कविता बहुत लोकप्रिय नहीं रही लेकिन यह पंक्ति *"अपना पद कितना भी छोटा क्यों न हो, देश की विपत्ति की कभी अनदेखी न करना"* कविता का सार है। हर व्यक्ति इसे जानता है और यह पंक्ति सबके दिल को छूती है।

हम जानते हैं कि लू योउ देशभक्त था। वह ऐसे समय पैदा हुआ जब सोंग शासन और चीन के उत्तर में रहने वाले जुरचेन लोगों के बीच संघर्ष चल रहा था। अपने पूरे जीवन-काल में लू योउ देश की खोई ज़मीन वापस पाना चाहता था। लेकिन दक्षिणी सोंग शासकों में देश के उत्तर की ओर सैन्य अभियान चलाने की न हिम्मत थी, न ताकत थी। लू योउ स्वयं को किसी सैन्य अभियान का काम दिए जाने के लिए शाही दरबार में निरंतर आवेदन करता रहा। उसके प्रयास विफल रहे और उसे पद से निकाला जाता रहा। यह कविता उसे पद से निकाले जाने के ऐसे ही एक अवसर पर लिखी गई थी।

अगर किसी साधारण व्यक्ति को बर्खास्त कर दिया जाए और वह बीमार पड़ जाए तो क्या वह दुखी नहीं होगा? अवश्य होगा। लू योउ भी दुखी हुआ लेकिन उसका दुख अपने भविष्य और किस्मत को लेकर नहीं था। उसका दुख इस बात के लिए था कि *"देश के उत्तर में रह रहे देशवासी, सम्राट से यह उम्मीद कर रहे थे कि वह खुद मोर्चा संभाल कर अपने देश की खोई ज़मीन हासिल करें।"* उसका कहना था कि *"मेरी बुझती हुई आँखों के सामने सब कुछ धूल में मिल रहा है, मात्र घृणा के कारण अखंड देश नहीं दिख पा रहा है।"* इस कविता के लिखे जाने तक लू योउ जिंदा था। वह गुस्से और दुख से भरा था। वह पूछ रहा था कि उसका देश कब फिर से एकजुट होगा? इसलिए उसका दुख सामान्य दुख नहीं था; उसमें भविष्य तथा देश और राष्ट्र की चिंता थी। वह परेशान था। क्या वह सम्राट था? नहीं। क्या वह प्रधान मंत्री था? नहीं। वह तो

मात्र एक बर्खास्त किया गया कर्मचारी था जिसके पास न कोई अधिकार था, न कोई प्रभाव था। लेकिन वह अपने प्रयासों में लगा रहा, भले ही उसे मालूम था कि ये प्रयास सफल नहीं हो पाएंगे। यही *"अपना पद कितना भी छोटा क्यों न हो, देश की विपत्ति की कभी अनदेखी न करना"* – उक्ति का सच्चा मतलब है और इसके लिए जबर्दस्त आत्मिक शक्ति चाहिए।

बाद के मिंग और चिंग शासकों के दौर में, एक महान चिंतक गू यानवू ने कहा, *"पूरे देश की रक्षा करना राष्ट्र और सांस्कृतिक धरोहर के लिए जीवन-मरण का प्रश्न है, इसलिए यह हर सामान्य जन का कर्तव्य और दायित्व भी है।"* इसी बात को बाद में, लियांग चीचाओ ने कुछ इस तरह कहा, *"हर व्यक्ति देश के भाग्य के प्रति जिम्मेदारी में भागीदार है।"* इसलिए, शांत मन से अपनी जिम्मेदारी समझने के इस भाव ने चीनी राष्ट्र को मजबूत बनाया है। इस भावना को लगातार बनाए रखना जरूरी है।

तीन

आदर्शों और विश्वासों पर कैसे टिके रहना चाहिए ?

"हमारी पूरी पार्टी को चीनी विशेषताओं वाले समाजवाद के मार्ग, प्रणाली और संस्कृति में हमारे विश्वास को मजबूत बनाना चाहिए। हमें न तो अतीत की कट्टरता और अकेलेपन की तरफ लौटना है, न ही कोई गलत कदम उठा कर अपनी प्रकृति बदलनी चाहिए, न ही अपनी प्रणाली को छोडना चाहिए। हमें अपना राजनीतिक दृष्टिकोण बनाए रखना है, अच्छा, ठोस काम करके अपने देश को खुशहाल बनाना है और चीनी विशेषताओं वाले समाजवाद को बनाए रखने और आगे बढ़ाने के प्रयास करने हैं।

हमें ऐसी स्थिति हासिल करने के लिए प्रयास करने हैं कि *'हजार बाद मार खाने और दस हजार बार पिटने के बाद भी दृढ़ और मजबूत बने रहो, भले ही हवा पूर्व, पश्चिम, दक्षिण या उत्तर – कहीं से भी थपेड़े मार रही हो।'"*

– शी जिनपिंग

यह उद्धरण 18 अक्तूबर 2017 को जनरल सेक्रेटरी शी जिनपिंग द्वारा जारी की गई चीन की कम्युनिस्ट पार्टी की राष्ट्रीय कांग्रेस की रिपोर्ट से लिया गया है।

प्रोफेसर मेंग मैन के अनुसार –

प्रख्यात केलिग्राफर (सुलेखक), चित्रकार और कवि झेंग बेनचियाओ ने चिंग वंश के शासन के दौरान अपनी प्रसिद्ध कविता *बैम्बू एंड रॉक* (बाँस और चट्टान) लिखी जिसमें कहा गया है, *"हरे पर्वत में मजबूती से जड़ें जमाए रहो; सख्त चट्टानों में जड़ें बना लो। हजार बाद मार खाने और दस हजार बार पिटने के बाद भी दृढ़ और मजबूत बने रहो, भले ही हवा पूर्व, पश्चिम, दक्षिण या उत्तर – कहीं से भी थपेड़े मार रही हो।"* यह कविता किसी वास्तविक बाँस और चट्टान के बारे में नहीं लिखी गई थी, बल्कि *बैम्बू एंड रॉक* शीर्षक वाली पेंटिंग पर चित्रित की गई थी। इस तरह यह चित्र में अंकित कविता थी।

हम जानते हैं कि झेंग बेनचियाओ को "यांगझाउ के आठ सिरफिरों" का प्रतिनिधि माना जाता था। अपने जीवनकाल में ही वह कुछ विचित्र-सा था, जैसे कि उसने कहा था कि वह केवल ऑर्किड, बाँस और पत्थरों के ही चित्र बनाएगा। उसने साधारण ऑर्किडों के चित्र नहीं बनाए, बल्कि *"चारों मौसमों में नहीं कुम्हलाने वाले ऑर्किडों, हजार गांठों वाले सदाबहार बाँसों, कभी न टूटने वाले पत्थरों और हजार साल में भी नहीं बदलने वाले इंसानों के चित्र बनाए।"* जब हम इन पंक्तियों को पढ़ते हैं, हम यह जानते हैं कि उसके चित्र यूरोपीय तरीके के निर्जीव वस्तु-चित्र नहीं हैं, बल्कि तूलिका को खुले हाथ से चला कर बनाए गए चित्र हैं। दूसरे शब्दों में, बाँस के बारे में उसकी कविताएं और चित्र मात्र बाँस के पेड़ों को नहीं दिखाते, बल्कि उनके मूल में निहित भावना को व्यक्त करते हैं।

कैसी भावना? इसके मूल में उसकी दृढ़ता और प्राकृतिक बंधन-रहित प्रवृत्ति निहित है। इस कविता में दृढ़ता कहाँ नज़र आती है? यह "मजबूती से जड़ें जमाने" शब्दों में दिखती है। क्या बाँस को उगने के लिए अच्छी ज़मीन मिलती है? नहीं, ज़मीन तो बिल्कुल भी अच्छी नहीं होती। बाँस उपजाऊ ज़मीन में नहीं होता बल्कि पहाड़ों की सख्त खुरदुरी चट्टानों की दरारों में जड़ जमा लेता है। लेकिन यह हरे पर्वतों को सख्ती से पकड़ लेता है और उखड़ता नहीं है। यह चट्टानों पर सीधा खड़े हो कर जीने के लिए कृत-संकल्प होता है। यह कैसी पक्की और दृढ़ भावना है!

इस कविता की दूसरी खूबी इसका प्राकृतिक और मुक्त प्रवाह है जो चीनी शब्द *"रेन"* ("भले ही", "चाहे कुछ भी हो" जैसी अभिव्यक्ति) में निहित है। हम जानते हैं कि पहाड़ी चट्टानों पर पनपे बाँस को लोगों से कोई सहारा नहीं मिलता। बाँस को प्राकृतिक ताकतों

का मुकाबला करना होता है, चाहे हवा थपेड़े मारे या बारिश कहर बरसाए। हवा और बारिश के ये प्रहार ही बाँस को निडर और मुक्त स्वभाव देते हैं। यही *"भले ही हवा पूर्व, पश्चिम, दक्षिण या उत्तर – कहीं से भी थपेड़े मार रही हो"* – शब्दों का मर्म है। हवा-पानी चाहे कहीं से भी आएँ, मैं तो मजबूती से खड़ा रहूँगा! यही चीनी लोगों का स्वतंत्र और दृढ़ स्वभाव है!

प्रोफेसर शु चुआन के अनुसार –

प्रोफेसर मेंग मैन की व्याख्या के बाद हमें समझ में आ जाना चाहिए कि हवा और बारिश के हजारों थपेड़ों और दस हजार प्रहारों के बावजूद, बाँस कैसे दृढ़ता से सीधे खड़े रह पाते हैं। इसका उत्तर तो पहली पंक्ति में ही है – *हरे पर्वत में मजबूती से जड़ें जमाए रहो।* वास्तव में, बाँस का चरित्र किसी मनुष्य के नैतिक गुण जैसा ही है। पहाड़ी चट्टानों पर मजबूती से जड़ें जमाने से ही बाँस, प्राकृतिक शक्तियों के प्रहार और अन्य कठिनाइयाँ झेलते हुए भी, दृढ़ता से सीधा खड़ा रहता है। यह बात मनुष्यों पर भी लागू होती है। अपनी निष्ठाओं को मजबूत बना कर और अपने विश्वासों पर टिके रह कर ही हम *"हम बार-बार मरने पर भी पछतावे से बच सकते हैं।"* अथवा *"तमाम विफलताओं के बावजूद पूर्व दिशा में बढ़ते रह सकते हैं।"*

यह विश्वास कहाँ से आता है? सिद्धान्त और व्यवहार – दोनों से ही।

पहले, हमारा विश्वास सिद्धान्त से आता है। अक्तूबर क्रांति के धमाकों से चीन में मार्क्सवाद पनपा। भटकते चीनियों को समझ में आ गया कि वे सम्राटों, जनरलों, वारलॉर्ड्स और साहूकारों में से किसी पर भी भरोसा नहीं कर सकते, सबसे भरोसेमंद ताकत तो आम जनता की ही है। जैसा हम सब जानते हैं, आम जनता ही इतिहास बनाने वाली ताकत है। कार्ल मार्क्स की *होली फैमिली* में जिस सिद्धान्त को रखा गया था, वह चीन के यथार्थ में पूरी तरह समाहित हो गया।

दूसरी बात, हमारी आस्था व्यवहार से आती है। चीन के कम्युनिस्टों ने मार्क्स के बुनियादी सिद्धान्त को चीन की क्रांति की गतिविधियों से जोड़ा। हम खड़े हुए जिससे साबित हुआ कि केवल समाजवाद ही चीन को बचा सकता है। चीन के कम्युनिस्टों ने

मार्क्स के बुनियादी सिद्धान्त को चीन के सुधारों और खुलेपन की शुरुआत से जोड़ा। हम खुशहाल हुए, इससे साबित हुआ कि केवल चीनी विशेषताओं वाले समाजवाद से ही चीन का विकास हो सकता है। चीन के कम्युनिस्टों ने मार्क्स के बुनियादी सिद्धान्त को आज के समय में चीन की वास्तविक स्थितियों से जोड़ा। हमें पता चला कि 'आगे की ओर महान छलांग' खुशहाल होने से शक्तिशाली होने की दिशा में है। इससे यह बात सिद्ध हुई कि समाजवाद को बनाए रख कर और विकसित कर के ही हम चीनी राष्ट्र का महान नवजागरण देख सकते हैं।

हम सब इस बात पर यकीन करते हैं कि प्रसन्नता कड़े परिश्रम से ही मिलती है। हम यह भी विश्वास करते हैं कि हम अपनी नियति के मालिक हैं। हर चीनी नागरिक का सपना चीन को एक सशक्त देश देखने का है और हर चीनी नागरिक को यह भी नहीं भूलना चाहिए कि हमें आज की खुशियों भरी जिंदगी आसानी से नहीं मिली है।

भाग 12

जब सब एक ही महामार्ग पर चलेंगे तो धरती के सभी निवासी एक ही समाज बन जाएँगे

天下为公行大道

1- मित्रता का दायरा विकसित करें

2- 'वन बेल्ट, वन रोड'

3- मानवता के साझा भविष्य वाला समाज बनाएँ

भाग 12 के व्याख्याकार

प्रोफेसर कांग ज़ेन

बीजिंग नॉर्मल विश्वविद्यालय

और

प्रोफेसर वांग चीया

सेंट्रल पार्टी स्कूल

एक

मित्रता का दायरा विकसित करें

"चीनी दार्शनिक कन्फ्यूशियस ने 2,000 वर्ष पहले कहा था, *'दूर-दूर से आए मित्रों से मिलना कितना सुखद होता है।'* इस कथन से मित्रों के आने पर चीनी लोगों की प्रसन्नता की अभिव्यक्ति होती है। हमने देश–विदेश के मित्रों को यहां एकत्रित होने के लिए आमंत्रित किया है ताकि हम चीन और अन्य देशों के बीच मैत्री को बढ़ाने में आपके अथक प्रयासों के लिए आपको धन्यवाद दे सकें, हमारी साझा आकांक्षाओं की खोज में हमारी असाधारण यात्रा की समीक्षा कर सकें, और हमारी सुदीर्घ मित्रता तथा सहयोग का जश्न मना सकें।"

– शी जिनपिंग

यह उद्धरण मई 2014 में अंतरराष्ट्रीय मैत्री सम्मेलन तथा चाइनीज़ पीपुल्स एसोसिएशन फॉर फ्रेंडशिप विद फॉरेन कंट्रीज की स्थापना के 60 वर्ष पूरे होने के अवसर पर जनरल सेक्रेटरी शी जिनपिंग के एक भाषण से लिया गया है।

प्रोफेसर कांग ज़ेन के अनुसार –

"दूर-दूर से आए मित्रों से मिलना कितना सुखद होता है।" – यह उक्ति *ऐनालैक्ट्स ऑफ कन्फ्यूशियस* से लिया गया है। मूल कथन है, "(स्वामी ने कहा) *क्या यह सुखद नहीं है कि जो कभी सीखा हो, उसे निर्धारित समय-अंतराल में बार-बार जांचा जाए? क्या दूर-दूर से आए मित्रों से मिलना सुखद नहीं है? क्या यह सज्जनता नहीं है कि*

अगर लोग आपकी योग्यताओं की तारीफ न करें तो भी बुरा न माना जाए?"

यहाँ *"मित्रों"* शब्द का अर्थ जन-समुदाय से है। हम एक कहावत को जानते हैं कि *"एक जैसी चीजें एक साथ आती हैं, एक जैसे लोग भी एक ही समूह में होते हैं।"* कन्फ्यूशियस के कथन का मूलभूत तात्पर्य यह था कि जब एक जैसे आदर्शों को मानने वाले और एक ही राह पर चलने वाले लोग सभी दिशाओं से उनके पास आ रहे हों तो क्या यह खुशी की बात नहीं है? कन्फ्यूशियस के समय में लोगों का मानना था कि अगर वे कुछ हासिल करना चाहते हैं, खास तौर पर कोई बड़ी उपलब्धि प्राप्त करना चाहते हैं तो उन्हें अपने जैसे ही विचारों वालों के साथ मिलकर काम करना होगा। ऐसे लोगों के साथ काम करके ही लोग खुश होते हैं और तभी उनकी उपलब्धियों को मान्यता भी मिलती है। कहते हैं कि कन्फ्यूशियस के देश भर में तीन हजार अनुयायी थे। वे अलग-अलग उम्र के थे और उनके व्यक्तित्वों में भी विविधता थी। उनमें सबसे सयाना अनुयायी कन्फ्यूशियस की ही उम्र का था और सबसे कम उम्र वाले अनुयायी का पिता था। इन भिन्न-भिन्न स्वभाव और उम्र वाले अनुयायियों को कन्फ्यूशियस बिना किसी भेदभाव के उपदेश देते थे। सभी व्यक्तियों को भाई की तरह समझा जाता था और कन्फ्यूशियस उन्हें अपने व्याख्यान-कक्ष – शिंग तान पैविलियन में एक साथ शिक्षा देते थे। वह शिक्षण का एक भव्य नजारा था। समाज की भलाई के लिए उन्होंने बड़ी संख्या में प्रतिभाशाली व्यक्तियों को शिक्षित किया। इसीलिए कहा जाता है कि *"दूर-दूर से आए मित्रों से मिलना कितना सुखद है।"* यह मित्रों का आह्वान है, उनका स्वागत है, पर इससे भी बढ़ कर यह प्रतिभाओं को संबोधित करने का कन्फ्यूशियस का प्रभावी तरीका है।

कन्फ्यूशियस ने मात्र यही नहीं कहा कि *"दूर-दूर से आए मित्रों से मिलना कितना सुखद होता है"*, बल्कि उन्होंने यह भी बताया कि किस तरह के मित्र बनाए जाने चाहिए। उदाहरण के तौर पर, उन्होंने बताया कि मदद करने वाले मित्र बनाओ, नुकसान पहुँचाने वालों को मित्र नहीं बनाओ। उन्हें मित्र बनाओ जो आपके साथ सच्चाई का व्यवहार करें, आपकी ज्ञान, नैतिकता और सत्यनिष्ठा से मदद करें। लेकिन उन्हें मित्र न बनाओ जो कपटपूर्ण व्यवहार करें और बुरे इरादे रखें। उन्होंने यह भी बताया कि मित्रों के साथ संजीदगी से व्यवहार किया जाना चाहिए और उनकी बातों का मान रखा जाना चाहिए। उनके शिष्य ज़ी शिया ने कहा कि हमें मित्रों के साथ व्यवहार में वफादार होना

चाहिए। वास्तव में, वर्तमान समय में भी, मित्र बनाने से जुड़ी ज़्यादातर कहावतें और मुहावरे कन्फ्यूशियस और उनके शिष्यों के कहे हुए ही हैं। कन्फ्यूशियस ने यह सलाह भी दी कि मित्र बनाने में फायदे की बजाय सज्जनता पर ज्यादा ध्यान दें। उन्होंने कहा, *"श्रेष्ठ व्यक्ति हमेशा सद्गुणों के बारे में सोचता हैं, साधारण लोग अपने फायदे के बारे में सोचते हैं।"* इसका क्या तात्पर्य है? मित्रता बनाते समय सही मायनों में श्रेष्ठ व्यक्ति न्याय, साझा आदर्शों और विश्वासों के बारे में सोचता है, जबकि साधारण आदमी अपने हितों और भौतिक लाभों के बारे में सोचता है।

कन्फ्यूशियस की उक्ति हमें मित्रों, मित्र देशों, विश्व और विभिन्न राष्ट्रीयताओं के साथ व्यवहार में चीनी राष्ट्र के जीवन-मूल्यों के बारे में बताती है।

जनरल सेक्रेटरी शी जिनपिंग ने विश्व भर के लोगों से सम्पर्क करते समय चीन के रुख और मूल्यों को स्पष्ट करने में इस उक्ति का प्रयोग किया। अगर लोग चीन के साथ संवाद और सहयोग के लिए तैयार हों तो हमारे द्वार उनके लिए खुले रहेंगे और हम उन्हें मित्र बनाने को तत्पर रहेंगे। हमारे इसी राह पर चलते रहने से, लोग चीन को समझ सकेंगे और हम पूरी दुनिया के बारे में अपनी समझ का विस्तार कर सकेंगे।

दो

'वन बेल्ट, वन रोड'

"प्राचीन चीनी दार्शनिक मैन्सियस का कथन है, *'सभी जगह हमें सही व्यवहार सुनिश्चित करने और न्याय कायम करने की राह पर चलना चाहिए।'* हम 'बेल्ट एंड रोड पहल' के लिए सभी पक्षों से मित्र-मंडली में शामिल होने का आग्रह करते हैं। मात्र 'शून्य' को भरने के बजाय हम सभी के लाभ के लिए एक सहयोगी साझेदारी बना रहे हैं।"

– शी जिनपिंग

यह उद्धरण 21 जनवरी 2016 को अरब लीग मुख्यालय में जनरल सेक्रेटरी शी जिनपिंग के एक भाषण से लिया गया है।

प्रोफेसर कांग ज़ेन के अनुसार –

"सभी जगह हमें सही व्यवहार सुनिश्चित करने और न्याय कायम करने की राह पर चलना चाहिए" – यह उक्ति *मैन्सियस – टेंग वैन गोंग द्वितीय* से ली गई है। इस उक्ति की पृष्ठभूमि यह है कि जींग चुन एक राजनीतिक विश्लेषक था और मैन्सियस का शिष्य था। उसने मैन्सियस के साथ महान व्यक्तियों के बारे में चर्चा की। जींग चुन की राय में गोंगसुन यान और झांग यी जैसे राजनीतिक विश्लेषक महान व्यक्ति थे क्योंकि जब उन्हें गुस्सा आता था तो दुनिया में उथल-पुथल मच जाती थे, और जब वे शांत होते थे तो दुनिया शांत रहती थी। लेकिन मैन्सियस की राय में ऐसे लोगों को महान मानना

उचित नहीं था। उन्होंने कहा – "सच्चा इंसान 'परोपकार' के विशालतम घर में रहता है, 'औचित्य' की सबसे सच्ची भंगिमा में खड़ा रहता है, और 'सज्जनता' के सबसे विस्तृत मार्ग पर चलता है। अगर वह अपनी महत्वाकांक्षा प्राप्त करने में सक्षम है तो वह लोगों के साथ ही उसे प्राप्त करे। अगर वह नहीं कर पाता तो भी वह अपने सिद्धांतों पर सदा टिका रहता है। धन और प्रतिष्ठा उसे भ्रष्ट नहीं कर पाता, गरीबी और मामूली परिवार से संबंधित होना उसकी महत्वाकांक्षा को बाधित नहीं कर पाता, और सशस्त्र दमन उसे झुका नहीं पाता। सच्चा इंसान ऐसे ही गुणों से सम्पन्न होता है।"

मैन्सियस का यह असाधारण विवरण चीन के इतिहास के महान लोगों के गुणों को सही तरीके से व्यक्त करता है जिन्होंने हमेशा सच्ची और ईमानदारी का व्यवहार किया।

मैन्सियस के विचार और महान व्यक्ति की सत्यनिष्ठा की धारणा महान अंतरराष्ट्रीय शक्ति के रूप में प्रतिष्ठित होने के पीछे हमारा महत्वपूर्ण सिद्धान्त रहा है। जैसा कि जनरल सेक्रेटरी शी जिनपिंग ने कहा कि हम मात्र एक एजेंट की तरह काम नहीं करते, अथवा किसी कथित "शून्य" को नहीं भरते। हम तो विश्व के अन्य देशों और जन-समुदायों के सामूहिक हितों और सभी के लाभ के लिए काम करना चाहते हैं। हम तो मानवता के साझे भविष्य के लिए, सबके लाभ के लिए और सबको विश्वास में लेते हुए, मिल कर एक विश्व-समुदाय बनाना चाहते हैं। मेरा मानना है कि चीन की सौम्य पारंपरिक संस्कृति ने हमें अपनी समाजवादी जीवन-शैली, व्यवस्था, विचारधारा और मार्ग पर चलने का विश्वास दिया है।

प्रोफेसर वांग चीया के अनुसार –

हम "बेल्ट एंड रोड पहल" की चर्चा करते हैं। चीन की संस्कृति में एक विविधता तथा सद्भावपूर्ण विश्व की कामना की गई है जिसमें लोकहित, सहयोग और साझा मूल्य निहित हों – जहाँ प्रत्येक अपने सौन्दर्य की प्रशंसा करे और दूसरों के सौन्दर्य की भी उदारता के साथ प्रशंसा करे, अपने सौन्दर्य को दूसरे के सौन्दर्य के साथ जोड़ कर देखे और सद्भावना के महान आदर्श को साकार रूप दे। परस्पर लाभ, सहयोग और सबकी साझा विजय से ही हम एक और एक को जोड़ कर दो से भी ज्यादा पाने की स्थिति हासिल कर सकते हैं।

जैसा कि कन्फ्यूशियस ने कहा है, *"परोपकारी व्यक्ति स्वयं को स्थापित करने के साथ-साथ दूसरों को भी स्थापित करना चाहता है और अपनी सफलता की कामना के साथ-साथ, दूसरों की सफलता की भी कामना करता है।"*

हम ज़ेंग हे के बारे में जानते हैं जो चीन के इतिहास में सबसे बड़ा नाविक माना जाता है। पश्चिमी महासागर (हिन्द महासागर) की उसकी यात्राएं (1405–1433) शांति और मैत्री की सांस्कृतिक भावना और परस्पर सद्भाव से जीने की इच्छा को प्रकट करती हैं। थाइलेंड में ज़ेंग हे की सोने के पत्तर जड़ी प्रतिमा लगी है और सिंगापुर के मेरीटाइम एक्सपीरिएन्स म्यूजियम में उसके बेशकीमती जहाजों को दिखाया गया है। चीन के अन्य देशों के साथ मैत्रीपूर्ण संबंधों का यह बढ़िया प्रमाण है। हितों के बारे में सोचते समय, हमें केवल अपने हितों के बारे में ही नहीं सोचना चाहिए, बल्कि पूरे विश्व के बारे में सोचना चाहिए। ज़ेंग हे की पश्चिमी महासागरों की यात्राएं इस दृष्टिकोण का सबसे अच्छा उदाहरण है।

जनरल सेक्रेटरी शी जिनपिंग ने कहा है कि हमारी पृथ्वी इतनी बड़ी है कि विश्व के सभी देशों के विकास और समृद्धि को निभा सकती है। आज की दुनिया में, कोई भी देश दूसरे देशों के हितों के बारे में सोचे बगैर, केवल अपने बारे में नहीं सोच सकता।

जनरल सेक्रेटरी शी ने वैश्विक व्यवस्था के लिए व्यापक संपर्क, सामूहिक योगदान और मिल-जुल कर लाभ लेने के सिद्धान्त प्रस्तुत किये। यह समय की धारा के अनुरूप भी है और सभी के लाभ वाला उत्तम मार्ग भी है जिससे वैश्वीकरण की चुनौतियां सुलझाई जा सकती हैं।

तीन

मानवता के साझा भविष्य वाला समाज बनाएँ

"साथ–साथ बढ़ते जीव एक–दूसरे को चोट नहीं पहुँचाते; समांतर चलती सड़कें एक–दूसरे के मार्ग में दखल नहीं देतीं। हमें विश्व-इतिहास के दृष्टिकोण से सोचना होगा और वर्तमान विश्व के विकास के रुझानों तथा समस्याओं का अध्ययन करना होगा। हमें शांतिपूर्ण विकास के मार्ग पर चलना होगा, स्वतंत्र और शांतिपूर्ण विदेश नीति अपनानी होगी, तथा विदेशी संबंधों को उदार बनाते हुए सब के लिए लाभदायक रणनीति अपनानी होगी। हमें सभी देशों के साथ सहयोग की नीति पर चलते रहना है और वैश्विक व्यवस्था में सक्रिय भागीदारी करनी है। हमें ज्यादा से ज्यादा क्षेत्रों में सब के लिए लाभदायक सहयोग तथा साझा विकास हासिल करना है और इसे अधिक ऊंचे स्तर पर ले जाना है। हमें न किसी के आगे झुकना है, न किसी को लूटना है। इस राह पर चल कर, हम अन्य देशों के लोगों के साथ चलते हुए मानवता के साझा भविष्य वाला समाज बना सकेंगे और अपने विश्व को अधिक सुंदर बना सकेंगे।"

– शी जिनपिंग

यह उद्धरण 4 मई 2018 को कार्ल मार्क्स की 200वीं जयंती के अवसर पर जनरल सेक्रेटरी शी जिनपिंग के भाषण से लिया गया है।

प्रोफेसर कांग ज़ेन के अनुसार –

"साथ-साथ बढ़ते जीव एक-दूसरे को चोट नहीं पहुँचाते; समांतर चलती सड़कें एक-दूसरे के मार्ग में दखल नहीं देतीं" – यह उक्ति कन्फ्यूशियस के क्लासिक ग्रन्थ, *दि डॉक्ट्रिन ऑफ दि मीन* से ली गई है। इसका तात्पर्य है की धरती पर सभी चीजें और प्राणी साथ-साथ पनपते-बढ़ते हैं। एक ही वातावरण में होने के बावजूद, वे एक-दूसरे की बढ़त में दखल नहीं देते। हम एक-दूसरे के समांतर चलते रहते हैं लेकिन एक-दूसरे की राह में रुकावट नहीं डालते।

दि एनालेक्ट्स ऑफ कन्फ्यूशियस में एक कथन है, *"संस्कारों के नियम में सद्भाव को मूल्यवान माना जाता है।"* "संस्कार" क्या हैं? वसंत और शिशिर काल में "संस्कार" का तात्पर्य नैतिक मानदंडों अथवा आचरण के नियमों से था। इस कथन का मतलब है कि अगर सभी लोग कुछ निर्धारित नियमों, धारणाओं और व्यवस्थाओं का पालन करें तो सभी को लाभ होगा, वे साथ-साथ रह सकेंगे और सब का विकास हो सकेगा।

हमारे पूर्वजों ने देश का शासन चलाने के तरीकों और मानव समाज के विकास के नियमों का सार समझने के बाद यही निष्कर्ष निकाला। जनरल सेक्रेटरी शी जिनपिंग ने प्रस्ताव रखा कि हमें साझा जीवन-मूल्यों और सद्भावपूर्ण विश्व वाला मानव-समाज बनाना चाहिए। अगर इस प्रयास में हमारा मापदंड *"शांति का सर्वाधिक महत्व है"* का हो, और हम – *"साथ-साथ बढ़ते जीव एक-दूसरे को चोट नहीं पहुँचाते; समांतर चलती सड़कें एक-दूसरे के मार्ग में दखल नहीं देतीं"* की विचारधारा आज के अंतरराष्ट्रीय संबंधों में अपनाई जाए, तो श्रेष्ठ परंपरागत चीनी संस्कृति का सही अर्थों में रचनात्मक और नयापन लिए विकास हो सकेगा।

प्रोफेसर वांग चीया के अनुसार –

मैं मानवता के साझा भविष्य वाला विश्व बनाने के बारे में कुछ कहना चाहूँगा। जनरल सेक्रेटरी शी जिनपिंग ने कहा है कि *"एक फूल से वसंत नहीं आ जाता, लेकिन सौ फूलों के खिल जाने से उपवन में वसंत आ जाता है।"* अलग-अलग देशों की अलग-अलग विचारधारा और संस्कृति होती है। इन विभिन्नताओं से कोई बड़ा-छोटा नहीं होता।

तियानमेन स्क्वायर के मंच पर दो आकर्षक नारे लिखे गए हैं — *"चीन गणराज्य की जनता जिंदाबाद"* और *"विश्व भर की जनता की महान एकता जिंदाबाद"* चीन के दिल कहे जाने वाले तियानमेन स्क्वायर के मंच पर ये दो नारे क्यों लिखे गए हैं? इनका क्या महत्व है?

क्या *"विश्व भर की जनता की महान एकता जिंदाबाद"* चीनी प्राचीन विचारधारा *"करीब और दूर रहने वाले सभी लोगों के साथ सद्भाव के साथ रहने"*, *"विश्राम की स्थिति में सुख से जीते अनेक राज्य"*, *"धरती पर सभी लोग एक परिवार जैसे हैं"* और *"साथ-साथ बढ़ते जीव एक-दूसरे को चोट नहीं पहुँचाते; समांतर चलती सड़कें एक-दूसरे के मार्ग में दखल नहीं देतीं"* का ही विस्तार नहीं है? मानवता के लिए साझा भविष्य वाला समाज बनाने का जनरल सेक्रेटरी शी जिनपिंग का विचार विश्व की जनता के बीच महान एकता हासिल करने का विवेकपूर्ण विचार है। हमारे अपने ही प्रयासों से, चीन विश्व की जनता के बीच महान एकता हासिल करने की आकांक्षा को साकार करने के प्रयासों में लगा है। चीन मानव जाति के लिए नए और महान योगदान करता रहेगा। चीन को इस बात में पूरा विश्वास है और यह अधिक शक्तिशाली बन कर उभरेगा!